新潮新書

福田和也
FUKUDA Kazuya

人間の器量

340

新潮社

人間の器量——目次

大物だといはれる人は純粋でない。
純粋な人は粒が小さくて、大きな舞台には立たされぬ
森銑三

序　章　器量を問う事

人物観の平板さは、自らを縛りかねない

人間の見方が、薄っぺらになっている。
そう感じることは、ないでしょうか。
人を測る物差しが、一本か二本ぐらいしかない。
能力があるか、ないか。
感じがよいか、嫌か。
いい人か、悪い奴か。

その程度の事で、もて囃されたり、貶められたりする。

昨日までの人気者が、あっという間に、踏みにじられる。

さきほどまで、もち上げていた人を、一刀両断して何の疑問も感じない。その変り身を恥じる事もない。

すべて、人を評価する物差しが、乏しいが故の現象です。

人を見る基準を、いくつも持っていれば、そう簡単には評価をひっくり返したりできないはずです。

無責任に持ち上げておいて、無責任に引きずりおとす。

白と黒しかない。

デジタルと云ってしまえば、そのままですけれど。

女性問題ではたしかに失敗したが、それでも経営者としてはたいしたものだ、とか。

金には汚いが面倒見はよいとか、そういった鑑定ができない。

人というのは、複雑で多面的な存在で、そうそう簡単に切り捨てられるものではない、という当たり前のことが、今の世間から、完全に抜け落ちているのです。

一刀両断するとしても、何らかの含蓄が欲しいものですね。

二枚腰、三枚腰の見方、複眼で見なければ解らないのが、人間という生き物の厄介なところです。そのなかでも大物、大人物といわれるほどの人間は少なからずそういう要素をもっている。

かつての大政治家とか、大経営者といった人はみんなそういう人たちでした。

日露戦争の軍資金をイギリスで調達し、昭和の恐慌を二度にわたって救った稀代の財政家高橋是清は、平気で妻と妾を同居させていました。それでも足らず芸者を買っている。

しかも政治家としての能力はほとんどゼロで、二度総理になったけれど、ごく短期間で政権を放りだしている。軍拡に反対しつづけて、昭和の最大勢力である陸軍を敵にまわしてしまった――そのため二・二六事件で殺されたのですが――。

それでも庶民からはダルマ、ダルマ――いかにも福々しい顔をしていました――と呼ばれて慕われました。

女にはだらしないし、政治家としてはまったく頼りにならないけれど、この老爺が大蔵大臣をしているかぎり、景気は悪くならない、物が売れるし、給料は上がると市井の人は知っていたからです。

今日の世間に是清が生きていたら、女性問題だけでボロボロにされてしまうでしょう。表舞台に登場することすら出来ないかもしれない。

なんとも、勿体ないことではないですか。

本当は、平成にも是清なみの財政家がいたのかもしれないけれど、登場するはるか前につぶされてしまったのかもしれません。

怖いのは、人物観の平板さが殺すのは、人材だけではないということです。

人を単純に切ったり、持ちあげたりする人は、自分にたいしても、そういう見方しかできなくなってしまう。

根拠もなく、自分を大きい存在と考えたり、あるいは無力な存在だと決めつけたりする。

でも冷静になって考えてみれば当たり前ですが、完璧な人間がいないように、全く無価値な人間もいない。

自分のどのような処が優れていて、何が足りないのか、出来ないのか。その点をきちんと、勘定していなければ存分に生きる事はできません。

実際を超えて、優れていると思いこむと、大変なしくじりをしてしまうかもしれない。

小さく把《とら》えてしまうと、せっかくの人生を味気なく過ごすことになる。

自分をきちんと知る事は、とても大事なことです。

大変に難しいことですが。

昔の人が、剣術の修行をしたり、坐禅をしたりしたのも、己を知るためなのですね。

厳しい体験を経ることで、己の弱さと強さを認識していく。

でも、今日は修行をしない。体験から自分を発見する、自分がどんな人間なのかを見極める努力をしない。

それをしないで、基準を外に求めていく。

偏差値とか、学歴とか、資格とか、業績とか。

もちろん、そうした要素が、生きていくうえで大切な事は確かでしょう。

けれども、それがすべてではない。

すべてではないし、それだけに縋《すが》るのは危ういことです。

自らの心と資質は、測りがたいものだから。

その難しさ、微妙さを痛感した古《いにしえ》の人が、人の器、器量、ということを云いだした。

器量とは、一つの地位とか、能力とか、資質を指しているわけではありません。

これが難しい。

とてつもなく有能であっても、それだけで器量があるとはいえない。

もっと全人格的な魅力、迫力、実力があってはじめて器量があると認められる。

器が大きいと認められるわけです。

しかも器というくらいですから、その内容は変幻自在なのですね。

水も入れれば酒も入る。油だって毒だって注げるわけです。

善い人とか、悪い人とかいうような単純な区別はつけられない。

水だと思っていたら、いつの間にか、酒になっているかもしれない。

善悪、良否の敷居をこえてしまうような人間観、その物差しとして器がある。


かつてフジテレビで、『オレたちひょうきん族』などの人気番組を作った横澤彪さんが、退社後務めた、吉本興業の話です。

吉本では、一人一人のプロデューサーに、赤字額を設定するとか。

「内田は四千万、後藤は六千万、中瀬は一億や」という風に各人が出してもいい赤字の額を設定する。その範囲で仕事をしなさい、と。赤字四千万というのは、この男はそれくらいなら冒険してもいい、なんとか挽回できる、投資に値するという事ですね。

つまり、その赤字の幅が、吉本興業という会社から見た、それぞれの器の大きさというわけです。

単純に履歴とか業績だけを見るのではなく、人としての大きさ、可能性を見てのことでしょう。

かつては、実力を問うにしても、人としての器量を見る視点を併せていました。あの人は器量があると云えば、何らかに卓越した、人と違う能力や度量を備えているだけではなくて、包容力や感受性の深さといった要素も加味しての評価になる。

まだ大臣の器ではない、そんな器量ではないといえば、役割を果たすだけの資格、能力を備えていないというだけでなく、人間として成熟していない、充分な貫禄をもっていない、という事をも意味していました。

まあ、今時、そんな事をいえば、大臣に推せる人はほとんどいない、という事になるのでしょうが。

人間としての大きさ、深さを象徴するものとして、器という言葉が用いられ、そのなかで波打つ想いや感情の豊かさ、激しさを古くから人は忖度してきたのでしょう。

心が広い、度量のある人。

能力がある、役に立つというだけでなく、個人の枠、背丈を超えて、人のために働ける人。

何の得にもならないことに命をかけられる。尋常の算盤では動かない人間。

その一方で、妙に金銭には細かかったりして。

誰もが感動するような美談をふりまくかと想えば、辟易するような醜行をする。

通り一遍の物差しでは測りがたいスケールをもっているということ、それが器量人ということになるでしょう。

先年物故された、白川静さんによると、器という字は、哭という字から発したといいます（『文字講話Ⅲ』）。

哭の上部、口ふたつは弔いの祝詞を収める器の形を表しているそうです。

下の犬は、犠牲の供物なのですね。漢字が成立した古代中国、殷の時代には、犬が天の神に捧げられた。

犬という動物は、嗅覚が鋭く、耳がいい、四方の時勢を敏感に感じるので、神霊にも通じると古代では考えられていたそうな。

哭の下に二つ口をつけると器という字になります。

この器は、葬礼に際してつかう道具ですね。

その道具を殷では、犬の血で清めたという。それは前述したように、犬の敏感さが神に通じるという信仰から来ているわけです。

白川さんの解釈を読むと、器という字には本来、神霊に繋がる要素があったという事がわかります。日常に用いるものではない、弔いという、人間の心魂が天へと帰る、無二の機会にのみ使われるものが器だった。

そう考えれば、私たちが人の「器」を語り、時に測るという事もまた、現世、人知を超えた事物と触れるという事であるかもしれません。

器について想いめぐらすという事には、それだけの敬虔さが必要なのです。

それは歴史の本質に触れることであり、時代の制約を超えて人間の本質に迫るということでもあります。

人を見る事は、自分の器を測る事

これまで、半世紀近く生きてきましたから、私も自分なりに器が大きいなあ、器量人だな、と思う人間に会ってきました。

最初は誰でしょうかねぇ、身内の話をして恥かしいかぎりですけれど、母方の祖母は、かなり面白い人でした。

母方の祖父は、佐賀で役所務めをしていた時に一念発起して、満州に渡り事業に成功した人です。石原莞爾の伝記を書いていた時、満州の経済人名鑑のようなものを調べていて祖父の名前をみつけ、感慨ひとしおでした。競馬が趣味で、競走馬を数頭所有していたとか。私がまったく知らない側面でした。

祖父は、事業の関係から戦争が勝目がないことを察知して、敗戦の二年前に内地に帰りました。

おかげで私の母を含めて五人の兄弟姉妹は無事だったわけですが、祖父は要領よく脱出してしまった事に強い屈託、後ろめたさを覚えていたようで、戦後はほぼ何にもせずに過ごしました。

祖母は元気でしたね。

満州時代は、国防婦人会の支部長をやって盛大に活動していたそうですし、祖父の妾宅に長刀《なぎなた》をもって殴り込んだという武勇伝もありました。帰国してからも、選挙運動に走り回っていました。妹が産まれた時、祖母が手伝いに来てくれていたのですが、衆院が解散すると矢のように佐賀に帰ってしまい、父が困っていたのを覚えています。

だいたい祖母は、一年に一度、上京してきました。

祖父がなくなってからは、県立高校の校長をしていた伯父のところで暮らしていたのですが、一年間、年金を一文も遣わずにためこんで、東京に来ると日本橋の三越に行って、全部遣ってしまう。

私は、よくその御相伴に与りました。十一人孫がいるうち、男は二人しかいなかったのです。

子供心に何か、痛快でした。

伯父夫婦、とくに伯母は、大変だったろうと思いますけれど。

細かいこと、貧乏くさいことがきらいで、云いたい事は、みんな云ってしまう。

男は偉くなければならない、という価値観も強烈でした。器が大きいとはいい難いけれど、ある種のスケール感というか、爽快感を味わわせてくれたことは確かでしょうね。

お亡くなりになった、慶應の独文科の中田美喜《よしき》先生も、思い出深いです。まだ、三田の校舎に空調がない頃です。七月になると、壁がぬめりで照るほど暑くなる。ドイツの劇作家クライストについて語っていた中田先生は、「もうやめましょう」とおっしゃって、六人の学生を誘い、ビア・ホールに連れていって下さる。好きな物を注文しなさい、とおっしゃるけれど、まあ、慶應の教員の給料なんてたいした事ないことはこちらも知っていますから——当時、文学部の学費はとても安かったから、高給が出るはずもないというのは、どんな学生だって解ります。教員棟が手狭なので、研究室を教授が二人でシェアしていました——、カレーライスを頼んだら怒られた。ビールを呑もうといっているのに、カレーなんか頼む奴があるか、このシャリアピン・ステーキっていうのを注文しろ、と。

感動しましたね。

本気で怒っていらっしゃる。この「本気」というのが大事ですね。

私もいまや教員ですから、学生諸君に呑ませたり、食べさせたりという事は、しょっちゅうします。食べ方、飲み方について注意したりする事もあるけれど、本気では怒れない。

しかも、先生は安い物を頼むな、と本気で怒っている。

感動して、嬉しくなりましたね。

そう云ってもらった事は、ドイツ語の格変化を教えていただいた事よりも、ずっと私にとっては大事でした。

酒を呑んだり、食事をしたりという事には、やはりスタイル、秩序感覚があるのだという事。それを本気で守っていらっしゃる人に巡りあえて、有り難かった。

だいぶ、呑ませていただきました。

えんえんと文学の話をして、夜が深くなってゆく。そういう体験をさせてくださった事は、真実の糧でした。プライヴェートでも、いろいろご迷惑をかけましたけれど……。

大学院をしくじって、父の会社で働いていた頃、Sという人と知り合いました。

かなりの年上でしたが、友達づきあいをしてくれた。

酒場で見知った人です。

若い人は、よい酒場に通うべきだと思いますね。チェーンの居酒屋ではなく、ちょっと敷居が高い、大人の店にいく。ちゃんと行儀よくしていれば、客として遇してくれるし、大人の知人が、友達ができます。

そうして知り合ったのが、Sさんですね。

この人のことは、拙著『価値ある人生のために』で、少し書いたことがあります。

小さな貿易会社の経営者でした。かなり特殊な機器を扱っていて、商売は堅かったと思います。

有体《ありてい》に云えば、この人にお酒と女性を教えて貰いました。

もっと具体的にいえば、お金の遣い方でしょうか。

何度か自宅まで送っていきましたが、どうという事のないマンションでした。大きな自動車を持っているわけではない。ご家族は奥さんと息子さんだけ。

亡くなられた後、解ったのですけれど貯金というほどのものもなかった。

かなりの稼ぎを、みんな遣っていたのですね。

肝臓にビルを建てる、と云っていたけれど、本当にそうだった。呑んだ分、貯金していれば、銀座にペンシルビルぐらいは間違いなく建ったでしょう。

そういう想像をするのがはばかられるほど、品のいい生き方をしていた。

たしかに呑みっぷりはよかったし、酒の席に仕事を持ち込むことがなかった。

だから、私のような若造とつきあってくださったのでしょうが。

すくなくとも、酒についてはこの人がみんな教えてくれた。

高い、ピンのワインを呑まないと本質が理解できないが、安い酒を楽しめないと人生はつまらない、と。

立ち呑み屋からグラン・メゾンまで、春日部のキャバレーから銀座のクラブまで。

いろんな場所に連れていってくれたけれど、どこに行っても態度が変わらない。

ちょっと眠そうな顔をして、ピースを燻らしながら、実に大量の酒を胃に流し込んで行く。

あまりにお世話になっているのですが、こちらは何も出来ない。格が違いすぎる。

そういうような話になった時に、酔ったうえでの事ですが、こう云われました。

「福田さん、私もね、若い時分にいろんな人に可愛がってもらった。面白い、驚くような体験をさせてもらいました。でもね、そういう人たちにはお返しが出来ない。あちらは立派だし、こちらが何とかなった頃には鬼籍に入っている。だからね、代わりにあなたのような若い人に返してるんですよ。ウマの合う人に。上から貰ったものは、上には返せない。だから、下に返す。若い人にね。あなたも、そうすればいい。そうやって街というものは成り立っているのだから」

物書きになる前に亡くなったのは残念でした。六十前でしたから。まあ、私の文章を読んで、何と云ったか分かりませんが。

文筆業に入ってからは、いろんな人に会いました。

石原慎太郎さんには、具体的に書けないけれど、本当にお世話になりました。一番、凄いと思ったのは、最初にお目にかかった時以来、対等につきあってくださった事。

私は、御長男とほぼ同じ年なんですけどね。まったく友達同様につきあってくれた。いきつけのイタリア料理店にも来てくださって、私の友達に「石原です」なんて自己紹介をする。誰でも知ってますって。

でもこの感じが、器量の大きさを感じさせるのですね。

江藤淳先生が、奥様を亡くされてからの心遣いは、本当に厚いものでした。石原さんが信頼する家政婦さんを紹介する事になって、その方が来る前日、豪雨の下、江藤先生は自裁されたのでした。

角川春樹さんは、毀誉褒貶が激しい人だけれど、やはり大きな人だと思いますね。石原さんと違って、イーブンという事はありません。

自分から、「俺は偉い、デカい」という人に、大きい人はあまりいないのですが、角川さんは違う、ちょっと困るけれど。出版人、映画プロデューサーとして凄い仕事をしているだけではありません。俳人としては、これまでに何人というような大きな存在です。

ある時、白金の割烹に連れて行っていただいた事がありました。

暖簾をくぐると、席がみんな埋まっているのですね。

店が予約日を間違えたのでしょう。

ちょっと緊張しました。あの角川春樹が、どう出るのだろうか、と。大変な騒ぎになるか、と息を呑んだのですが、しばし店内を見たのち、さっと引き戸を閉めて、別の店に行った。

見事だと思いましたね。

誰だって、一言、二言、文句を云いたくなるでしょう。

でも、それをしない。

もう、みんな食べはじめているのだから、どかせられる訳もない。

落ち度がどちらにあるにせよ、そこでクドクド云っても、みんな気分が悪くなるだけ。

で、あれば何も云わないで帰るのがいい。

それはそうなのだけれど、咄嗟に、しかも客を連れていて、すっぱりと出来ることではありません。

角川さん、五回結婚されていますし——そのうち、一人とは二回結婚している——、その他、たくさんの女性とつきあわれているのだけれど、何というのでしょう、言葉遣いが難しいのですが、羨ましいというような人は一人もいない。「目が悪いからだ」と弁解されていましたが、白内障の手術をした後もあまり変わらないようですね……これもまた、なかなかに「大きい」と思わせる要因ですね。

福富太郎さんも、凄い人だと思いました。

私は、長者番付第一位を数年にわたって続けた、全盛時代を知らないのです。

でも、おつきあいさせて戴くと、一時代を築いた人という風格がせまってくる。風格といっても、厳めしいとかそういうのじゃないんです。御一緒しているだけで、幸せになるような。

嫌なところが少しもない。

あれだけの商売、しかも女性に働いて貰う仕事をしてきて、春風駘蕩とした雰囲気というか香ばしさをもっているというのは、ただ事ではありません。

もちろん、厳しいところは、この上なく厳しいのでしょうが。

店で女性たちにたいする時は、とても優しげですけれどね。一人、一人、声をかけて。あと、あのコレクションですね。近代日本洋画のコレクションとしては、最高峰のものでしょう。こういう水準のものは、金があれば買えるというものではない。

大金持ちで、どうしようもないものばかり集めて、悦に入っている人を、私は何人も知っています。

目が利くというのは、前提条件ですが、やはり画商に愛されないといいものは手に入らない。商売っ気ぬきで、この絵はこの人に持ってもらいたい、というような心持ちにさせる、それだけ惚れさせるものがないと、なかなか上手くいきません。

人柄もそうでしょうけれど、きっと画商が困っている時に助けたりというような事をしていたのではないか、と睨んでいるのですが。

永井荷風を顕彰する「つゆのあとさき忌」を、毎年、ポケット・マネーで続けていらっしゃるのも頭が下がります。

一方で、小さい人も随分見ました。

財界人、政治家、学者、あんまり大きい人はいない。

ある首相経験者は、ボロボロで辞めたクセに、自慢話しかしない。

この前、偶然、寿司屋であったら、寿司職人にもいばっている。

こんな人が、日本の総理だったと思うと、情けないやらあほらしいやら。

企業のトップといったって、感動するような人はそうそういませんね。

ヤマト運輸の小倉昌男さんは、立派な人だと思いましたけれど。

学者はねぇ、これはもう仕方がないのかもしれない。

南方熊楠とか、内藤湖南とか、狩野亨吉のような大物は、もう出ないのでしょうね。

これは、学問の細分化とも関係があるのですが。

たとえば歴史学を例にとると、今では時代時代で、かっちり決まっている。平安時代の官僚制度が専門だというと、それだけをやる。他の時代やテーマには、一切脇目をしないで、その範囲だけをきっちりやる。そうすると、非常に精密な成果が出るけれども、他の時代について語ったり、書いたりはしない。一個所にきめて研究し、自分と同じテーマの研究者の動静を監視して、出し抜かれまいと始終注意を払っている。

そりゃ、小粒になりますよ。「歴史とはなにか」といった、本質的な問いとは縁がなくなる。学問領域も小さく、学会も小さければ、人間が小さくなるのは仕方がないのかもしれない。

二〇〇九年、新左翼の歴史を扱った大著が出て、ちょっと評判になりました。この著者、文献は完璧に渉猟しているのだけれど、直接の取材は一切していない。まだ生きて元気な人がいるのだから聞きにいけばよいのに、絶対しないのですね。学者たるもの、文献さえ押さえていればよいという事なのでしょうが。

専門化が進めば進むほど、細分化が否応なく進む。何も学問だけではありませんね。世間が専門家だらけになれば、小粒になるのは避けられない。

でも、私たちは、専門家として生まれてきて死ぬわけではありません。

仕事が、人を作るということはあるでしょう。かつての官僚や政治家にはそういうところがたしかにありました。小さい仕事しかしないから、小さい人間しかできないのか。それだけではない。

仕事や立場と離れて、器を作るということをしていけば、器は大きくなるのではないでしょうか。

自らの器がどの程度か見極めるのと同様に人の器を測る、ということが大事なのだと思うのですけれど。

器は何歳になっても大きくできる

人を見る事はまた、自分の器を測る、測られることでもあります。

これが実に恐ろしい。

大正年間から昭和にかけて活躍した橋本徹馬という政治評論家がいました。

辛辣をもって知られた人ですが、この人がある新聞で、大隈重信を徹底的に批判した。やっつけてやった、というわけです。

まだ、若くて青年客気《かっき》の頃だから、大得意になり、どれだけ大隈が意気消沈しているか見てやろうと思って早稲田を訪ねた。

そうすると、大隈が応接間に現れて、莞爾と笑いながら、「おお、元気にやっちょるのう」と云って、機嫌よくソファに腰かけ、何のわだかまりもなく話をしたそうです。

橋本が完敗したわけですが、この件で含蓄があるのは、大隈の器が橋本よりも格段に大きかったというだけではない、ということですね。

大隈という人は、もともとこういう人ではなかった。

怜悧で剃刀みたいな人だったのです。

馬鹿な事、下らない事を云う奴だと看てとると、まったく話をしない。会おうともしない。

どうでもいい人間と会うのは時間の無駄だといって、選びぬいた少数の人間としか会わない。触れれば切れるような人だったのです。

木戸孝允が伊藤博文に送った手紙で、大隈の人物を評しています。

大隈之才也、気也義弘村正之名剣の如く候間其口を開くを見、其声を聞ずして恐避

いたし候様の気味御座候

その切れ味を妖刀村正に比べられるのはともかくとして、口を開くのを見ると、声を聞く前にみな逃げてしまうというのは凄まじい。「恐避」という言葉に実感がよく出ていますね。

当時の大隈は、大久保利通に敵視されていて、木戸の支持だけが頼りという状態だったのですが、その後ろ盾である木戸に、ここまで云われるのだから、凄まじいと云わざるを得ません。ただ、木戸は大隈の激しさを評価もしていたのですね。外国人との交渉で、一歩も引かずにやりあう事が出来るのは大隈だけだ、と頼りにしていた。

とにかく、こんな性分ですから周りに人が集まらない。雑多な人が寄ってくるのではないと、政治家はつとまらない。

大隈よりも、はるかに見識も能力も劣る伊藤が、西郷、木戸、大久保亡き後、初代首相になるまでに着実に力をつけていく一方、大隈は政府から追放されてしまう。

それを見ていて、かつて大隈家の居候だった実業家の五代友厚が大隈に諫言し、さらに手紙を送って忠告しました。

いい手紙なのですが、長いので要点だけを書きます。

一、愚説愚論を聞くべし。一を聞いて十を知ってしまうのが閣下の短所である。
二、地位が下の人間が、閣下と近い意見を述べたらすぐに採用すべし。他人の論を褒め、採用しないと徳は広がらない。
三、怒るべからず、怒気怒声は禁物。
四、事務の処断は、急ぐべからず。即決せずにぎりぎりまで待つべし。
五、閣下が人を嫌うと、向こうも閣下を嫌うようになる。進んで、嫌いな人との交際を求めるべし。

さすがに元居候だけあって、よく見ています。

大隈が偉いのは、五代の建言を受け入れた事です。

それだけで、やはり器量人だという気がする。

訪ねてくる人間とは、誰とでも会うことにしました。なにしろ、石原莞爾が中央幼年学校時代に、大隈は誰とでも会うらしいという評判をきいて、級友と訪ねていったら、本当に会ってくれたという話が残っています。

どんな愚論愚説も終わりまで聞き、ちょっといいと思った提案は残らず採用し、けして怒らず、怒鳴らず、処理を急がず、大嫌いな相手に交際を求める、という流儀に変えました。

百八十度の方針転換ですね。

五十歳を超えて、これが出来たのですから、やはり大人物です。

誰でも受け入れるので、一時、大隈家の居候は百人近くになったといいますが、これぐらい明けっぴろげになれば、誰でも好意を抱かずにいられない。

ある日、午前中は禁酒同盟で協賛演説をし、午後には酒造業の組合で記念演説をした、という伝説がある位、無原則に頼まれた事はなんでも引き受けた。

こうして、大正三年、第二次大隈内閣を成立させ、翌年の総選挙で万年与党であった政友会を破りました。

大隈が、身をもって示してくれたのは、器は修行によって大きくなる、人は何歳になっても変わる事が出来るという事だと思います。なかなか出来る事ではありませんが、決意すれば明日からでも、変わる事ができる、その事を大隈重信は示してくれています。

第一章　なぜ日本人はかくも小粒になったのか

戦後、わが国は人物を育てようとしてきたか

大きい人がいなくなりました。

人物というべき人がいない。

日本中、どこを探しても。

一体全体なぜ、人材がいなくなってしまったのか。

その原因はいくつもあるでしょうが、一番の理由は、育てて来なかったから、明確な意識をもって育てようとしてこなかったからにほかなりません。

人物を、人材を育てようとしてこなかった。

勉強のできる人、健康な人、平和を愛する人は育ててきたけれども、人格を陶冶するとか、心魂を鍛えるといった事を、まったく埒の外に置いてきた。

その、戦後教育の結果が、このざまです。

政界、官界、財界、どこを見回しても人物というほどの代物はいないではないですか。

言論界も同じようなものです。

わが国から、人材というほどの存在が、きれいさっぱり払底してしまったわけです。

国の借金が一千兆円、などという話を聞くと暗澹としはしますけれど、それでも人がいないという事に比べればたいした事がありません。

いくら金があったって、人がいなければどうしようもないからです。

バブル期以来、どれだけのお金を日本人が無駄に使ってきたか。

みんな人を得なかったからではありませんか。

人材は、何よりも大事なものです。

お金がなくたって、国は、企業は立ちゆくけれど、人がいなければ、どうしようもありません。

人がいれば、金がなくたってなんとかなるのです。

幕末、外交に失敗して諸外国からいいように賠償金をむしりとられ、そのうえ国際経済のルールをしらないために大量の正貨が流出してしまって経済危機をむかえた日本が、自立できたのも人物がいたからです。

封建体制を打ち壊し、凄惨な内戦をくり広げたうえに、むやみと急進的な改革をほどこしたにもかかわらず、国が四分五裂にならなかったのは、人がいたからでしょう。薩長のみならず、日本全国から澎湃《ほうはい》と人材が現れて、手を携え、あるいは角逐《かくちく》しながら仕事をしたからでしょう。

たしかに泥仕合もありました。内戦もあった。醜い政争もあればとてつもない不正もあった、理不尽きわまる収奪もあったでしょう。

にもかかわらず、明治国家はなんとかなった。なんとかどころか、極東の小国が列強に伍するまでになったのです。

明治ばかりではありません。大正・昭和世代の日本人も、実によくやった。

たしかに先の大戦は、大しくじりでした。

内外で多くの人命が失われたのは、痛恨の極みではありましたが、しかし敗戦の瓦礫のなかから、世界一と云われた経済大国を作りあげたのです。

もちろん明治以来の蓄積があってのことですが、それにしてもこれは、とてつもない快挙ではないでしょうか。

戦時体制を担った重鎮たちが追放されて、あとを担った、「三等重役」と揶揄された経営者たち。陸軍海軍から放りだされて路頭に迷い、企業戦士となった若い将校たち。占領軍の理不尽な規制と、社会主義・共産主義の荒波に揉まれながら戦後の混乱を収拾した官僚たち。

政治家たちだってたいしたものでした。一度は引退したロートル外交官の吉田茂も、巣鴨プリズン帰りの岸信介も、政界の裏も表も知り尽くした三木武吉《ぶきち》も、死力を尽くして国家、国民のために働きました。

企業家だってそうです。松下幸之助だって本田宗一郎だって、盛田昭夫だって、ちっちゃな町工場から、世界企業を作りあげたではないですか。

今、中国の、韓国の、インドやシンガポールの企業が世界市場に進出するようになったのも、みんな昭和の日本を見倣ったからです。

アジアでも、繁栄した産業国家を樹立し得ると、わが国が身を以て示したからです。

もちろん、その偉業は国民一人一人が生活の、社会の再建のために死力を尽くして働いたから成し遂げられたものですが。

いずれにしろ、昭和の後期まで、日本には人物といえるような存在が、ふんだんにいたのです。

けれど、今はどうでしょうか。

優れた人はいるでしょう。

専門知に秀でた人もたくさんいるでしょう。

商才に秀でた人も、数えきれないほどいるでしょう。

人あたりのいい、感じのよい人もいるでしょう。

けれど、誠に残念なことに、人物と呼べるほどの人はいない。

みな才子なのです。

小利口で、目端がきいて、気の利いた事もいえる。場合によっては、大物ぶってみるほどの技すらもっているでしょう。

良心的で、真面目で人間愛に満ちている。

けれども、到底人物とはいえない。

小粒な、おさまりのいい、メディアが重宝がるだけの存在にすぎない。

深みもなければ、重みもない。

要領だけは滅法よく、情報技術に通じている。

そういった小粒な才子は、いくらでもいるけれど、人物と云い得るほどの存在は、まったくいないのです。

たしかに、小泉純一郎元総理のような、一陣の嵐を巻き起こした政治家はいました。

彼の全盛期の勢いは、凄まじかった。

けれども、一体何を彼がなしたのか。

その改革なるものの内実を問う事は、とりあえず私の任ではありません。

けれど、あれが狂騒以外の何ものでもなかった、という事は断言できます。

彼が非常に優れたアジテーターであった事はたしかでしょう。

でもそれだけでした。まったくの空っぽでしかなかった。

スローガンにも至らない、短い言葉——ワン・フレーズ——をつなぎ、叫ぶことはしたけれど、それきりでした。それ以外の何もなかった。

その単純さ、無内容さに、国民は歓呼したのです。

小泉元総理が、ある種の際だった才をもっていた事は、確かでしょう。

貪欲なマスメディア――その欲深さはまた、日本国民全体のものであることは間違いありません――を逆手にとり、彼らの求めるものを与える代わりに手玉にとった手際は、見事としか云い様がありませんでした。

でもそれだけの事です。

政治闘争は、手段を選ばないというのは、洋の東西を問わない鉄則であるとはいえ、「刺客」と称するインスタント候補を出馬させて、反対派を浴びせ倒そうとする手口は、ある意味で議会政治そのものの自己否定に他ならないものでした。

そして、そこまでして一体、国民は何を得たのか。

あやしげな郵便会社だけではないですか。

その「教訓」が、選挙民を多少とも賢明にしたと信じたいのですが。

けれども、あの選挙ほど、現在の日本人の虚無を、何の信念も、確信も持たない様を示した事件はなかったと思います。

そして私たちは、いまだその虚無を、克服していない。

才人はいるが人物がいない。

キャラクターがあっても人格がない。

儲け話はあっても志はない。

演出と自己陶酔があるだけで、本当の感動はない。

幕が引かれれば自分が熱狂していたことすら忘れてしまい、狐につままれたような心持ちになるのです。

こうした状況は、一朝一夕にはなおらないでしょう。

まだまだ、続くと考えなければなりません。

無意味な空騒ぎを何度も繰り返し、さらに繰り返させる事になるでしょう。

なぜこんな事になったのか。

日本から人物が払底して、小物ばかりになったのはなぜなのか。

この事を、しっかり考えないかぎり、人物らしい人物は出てこないのではないでしょうか。

いかにして、日本人はかくも小粒になったのか。

その理由と本質を考える事が、今、一番、重要な事ではないか。

私は、そう思っております。

戦死にたいする覚悟がいらなくなった

日本人が小粒になった第一の原因は、六十年にわたって戦争がなかった事でしょう。

こういう言葉遣いが、反発を招くのは承知しています。

もちろん、戦争がないことは、よい事に決まっている。

平穏でいるのが、何よりだという事はその通りでしょう。

昭和初年以降の、とりあえず武力でかたをつけてしまえばいい、というような発想に囚われた軍人や政治家、言論人の有様は、誠に嘆かわしいことでありました。

ですから、いくら私が非常識であっても、戦争がよいことだと思っているわけではないし、起きればよいと思っているわけでもありません。

しかしまた、一方で、戦争が人間に教えるもの、もたらすものもたくさんあります。

逆説的にではありますが、平和の尊さを、一番深刻に教えてくれるのは戦争でしょう。

生命の大事さも同様です。

平凡な暮らしの大事さ。日々働けること、家族と共にあること、勉強できることがどれだけ貴重なことか。戦争は教えてくれるでしょう。

戦争は、また「死」と否応なく対面させます。

自らが戦場で死ぬ可能性を、戦前の男子は――その社会的、身体的状況において濃淡はあったでしょうが――、常に意識せざるをえませんでした。

死がいずれにしろ痛ましい事であるとしても、老衰と病死と事故死しかその想像力の範囲にない現在の日本人とは、人生観、死生観が、かなり違った事は云うまでもありません。

また、女性たちも、自分の家族、父や兄弟、夫が戦地で死ぬかもしれない、という「覚悟」をつねに迫られていた。

戦死にたいする覚悟、というようなものを私たちがせずにすむようになった事は、誠に幸せな事でしょう。

乃木希典という軍人は、戦前は尊敬されていましたが、今は大変、評判が悪い。司馬遼太郎さんが『坂の上の雲』などの著作で辛辣に扱ったことが、影響を与えているのでしょうが、私はもっと大きな要因があると睨んでいます。

日本が戦争をしない国になったからではないか、と。

乃木が名将だったのか否か、という事は、戦前から議論されていました。けれども、戦後と違うのは、戦争は下手だったと見る論者も、その人格はきわめて尊敬していたという事です。

現在の論理からすると、戦争指導が下手＝凡将、尊敬できないという事になりますが、これは戦争という事象をリアリティをもって捕らえてはいないからでしょう。

ひしひしとした肌触りで戦争を感じていた時代には、そういう発想はありませんでした。

『中央公論』の明治四十四年八月号で、当時を代表する言論人三宅雪嶺は、日露戦争を振り返り、「敵の要害はペトンで固むるとか、鉄条網を張つて電気を通じあるとか、機関砲を備へ居るとか、今更の様に言はれたが、元と要塞として当然の事である、それ位の備はきまりきつて居る、一気呵成で乗り取らうとすれば多くの人を失ふのは知れ切つて居る」と乃木の旅順攻略を難じ、「敵の要塞の下に死んだものは誠に災難であつた」としながらも、「戦略に於て大将に優つたものは他に在らう、が司令官として人格の必要な事は、大将が後の人に之を示して居る、人格と技倆と往々相伴はぬ」「多数の兵を失ひ、計画に仕直しをし乍《なが》ら、何人も攻囲軍の無謀を責めず、陸軍に於ける第一の功を以て之に擬するのは実に乃木大将の人格の然らしむる所」としている。

三宅は、乃木の戦術上の失敗を指摘したうえで、にもかかわらずその人格をもって、「陸軍に於ける第一の功」は、乃木にあるとしているのです。

このような判断は、現在とはかなり異なるものです。

今日であれば、能力を第一とし、人格、風格などはどうでもいい、というのが常識ですが、当時は違った。

なぜ違ったかと云えば、命の重みが違ったからです。

今と違って、あの頃は命に重みがあった。

こう云うと、違和感を覚えるかもしれませんが、「命」は何よりも大事だ、と誰もが思い、メディアが競うように宣伝している今ほど、命が軽い時代はないでしょう。

「命」というのが、観念になり、流行語になり、宣伝文句になっている。

明治時代、命は貴重なものでした。人ひとりが、生き延びること、成長して一人前になる事自体がおおごとだった。

そんな時代、所帯を背負う成年男子を、戦争に駆り出すことが、どれほどの大事だったか。

世帯主が、成年に達した長男が、戦死すればたちまち、その家は飢えるのです。にもかかわらず、明治日本は、壮丁を戦場に送らなければならなかった。

だからこそ、司令官の人格が大事だったのです。

この人の膝下《しっか》ならば、死んでも仕方がない、死んでもいい、と思わせるような、そういう器をもった人間が必要だった。

乃木という人は、若い時はかなりの洒落者だったのですが、一時期から身を慎み、質素な生活を営むように努めました。

食事は、粟や稗といった雑穀を摂り、着る物は常に軍服、旅行をしたら畳に布を一枚敷いて軍服のまま寝る。援助を求める人がいれば、疑いもせず金を送る。下賜品や貰い物は、すべて廃兵院に送る。

極度の節制と禁欲により、乃木は日露戦争の前から、ある種の聖者になっていたのです。

日露戦争後、講談師たちが、「乃木もの」と呼ばれる演目を数多く作りました。

ある停車場に、よれよれの服を着た、農夫然とした老人が降りる。

駅前の雑貨屋で、某という家は、どうなっているかと訊ねると、乃木という奴のおかげで長男が戦死してから、暮らし向きは大変だ、村でこぞって助けているけれど、というような話を聞く。農夫は泣きながら、その家の方に歩いて行った、その老農夫こそ、誰あろう、将軍乃木希典であった、というような。

もちろん、これは創作です。しかしこういう話を実話として受け取るような素地が、当時の日本にはあったのです。戦下手だけれど、兵を愛し、自ら二人の息子を戦死させた乃木さんにたいする愛情と敬意を、明治の日本人はもっていた。技能、能力よりも人格が大事だと、誰もが思っていたのです。

こういう将帥がいないと、戦争はできない。

その人柄の力でぎりぎりの接戦を制するような指揮官でないと、国家、国民を守ることは出来ないと、明治の日本人は、誰が教えなくても知っていた。

けれども、戦争をしなくなった、その脅威を感じない戦後の日本人は、ただただ技術と機能だけで戦争を語っている。

その人のためになら死ねるような指揮官への人格的感動なしに、戦争などできはしないことをまったく忘れているのです。想像すら出来ない。

だから、いくら軍事を論じても空論になってしまう。

こうした欠落の影響は、かなり大きなものだと思います。

というのも、日本以外の、世界中の多くの国民が、自らがいつかは、戦場に挑むかもしれないという覚悟のもとに生きているからです。

そのような覚悟を抱いている諸国民に比して、わが同胞は、いささか小さく、稚《おさ》なく、無邪気で甘えたところがある。

韓国やシンガポール、イスラエルといった新興国では、経済、政治のエリートは、軍歴を経ていることがごく普通なことです。

アメリカだって、海兵隊出身や陸軍出身のエリート・ビジネスマンは山ほどいるし、ビル・クリントンの登場まで、軍歴がまったくない大統領はいませんでした。

軍にいたからといって、優秀な人材であるとは限らないのは、ごく当たり前ですが、一朝、事あった時には、国家国民のために最前線に赴くという覚悟のもと、厳しい訓練の日々を数年間体験した人間は、良くも悪くもある覚悟を帯びているのではないか。

戦後の日本は、自衛隊員と警察官、消防官などの一部をのぞいて、そういう覚悟から、解放されてしまいました。

もちろん、それはめでたいといえばめでたいのです。

戦争なんてしないに越した事はない。

けれども、「治に居て乱を忘れず」という易経の訓《おし》えも永遠の真理なのです。「乱を忘れず」というのは備えを怠らないという意味を超えて、精神のあり方、気構えの持ち方を語っているといってよいでしょう。

平和な時代においても「覚悟」を持ち続けているということ。

けれども、こうした気構えを今日の日本人はまったくなくしてしまった。

身を賭して外敵と戦うというような事態を荒唐無稽な夢物語としてしか捕らえられなくなってしまった。

その点でも、やはり、日本人は小さくなったのではないでしょうか。

そうした事態に思いを及ぼす事、その時自分はいかに振る舞うのか、怯えるのではないか、逃げるのではないか、卑怯なふるまいをしてしまうのではないか。

失敗をして味方を不利に陥れてしまうのではないか。

そうした恐怖、想像力を働かせないですむ日本人は、たしかに幸せなのでしょうが、幸せな分だけ小さいこともまた否めません。

もちろん、小さくたって、稚なくたって、平和で幸せならばいいじゃないか、という意見もあるでしょう。

でも、それは本当の「幸せ」なのか。どうなのか。

「ささやかな幸せ」というけれど、それはそれで苛烈なものです。小さい所帯だって、きちんと支えていくのは容易なことではない。

その容易ではないことをなり立たせていく厳しさも、実は私たちは忘れてしまったのではないか。

自分がしなくても、誰かが、政府が、国が、社会がやってくれると思っているのではないか。

それは甘えというよりは人間の質の劣化にほかならないでしょう。

平和な時代であっても、人は必ずしも劣化するわけではありません。

江戸時代も平和な時代でした。

徳川時代も将軍三代目までは、多少の争乱もあったけれど、二百数十年間、戦らしい戦もなしに泰平を謳歌しました。

その点で、徳川家康と、そのスタッフたちの制度設計は、端倪すべからざるものだ、と云ってよいでしょう。

家康は、織田信長、豊臣秀吉で頂点に達した、戦国時代の大量動員を前提とした戦争システムを徹底的に破壊して、国内平和の礎を築きました。

徳川政権の凄みは、平和を定着させた事だけではありません。

むしろ、かくも長き平和にもかかわらず、国民の資質が低下しなかったことに、徳川時代の面白さ、凄さがあります。

特に、平時には無用であるはずの武士階級が、旺盛果敢な闘志を維持し続けたのみならず、学問をすら身につけたことは、日本の歴史的蓄積として大きな意味がありました。

徳川幕府は、直接統治を行わず、全国各地を諸侯の統治に委ねましたが、その一方で、武家諸法度などによる厳しい管理体制を築きあげ、その施政に過失、遺漏があれば、容赦なく罰し、時には国替え、取りつぶしといった過激な罰則を加えていました。

そのため諸大名もまた、武士官僚の質の向上に力を入れないわけにはいかなくなり、文武双方を藩士たちに叩き込んだのです。

となれば、当然、出来不出来がでてくるわけで、そこで血統を基準とする封建身分体制とはやや異質な、実力主義の論理が出てくるわけです。

前述した大隈重信などは、江戸の統治が生んだ、典型的な秀才といっていいでしょう。

彼を生んだ佐賀鍋島藩は、もともと藩士教育について熱心でした。熱心な余り、成績不良な学生の家禄を半分にする、といった罰則まで設けていました。受験地獄というのは、いまや、やや懐かしい言葉になりましたが、いくら厳しい試験だとはいえ、失敗すると親の給料まで半分にされてしまうというような事はありません。それほど、当時の藩の経営は厳しく、また武士たるものの責任は重かったのです。

ご存じの通り大隈は、後に早稲田大学を作るのですが、鍋島藩の教育方針への強い反発から自由闊達な学問の府を作ろうとしたといわれています。早稲田の自由な気風が、その後、一人の大隈を生んだか、というと意地が悪いですが。慶應義塾とて、一人の福沢を生んだわけではないので、偉そうな事は云えませんけれど。

いずれにしろ、こうした厳しい鍋島藩の教育から、幕末から明治にかけて活躍した大隈重信、江藤新平といった俊英が生まれました。

大隈重信という人は、おそらく官僚としては近代以降では一番優秀な人だったのではないでしょうか。外交が出来て、経済がわかって、財政を弁えて、産業振興にも一家言ある。今日ではお目にかかることが望めない、きわめて大柄な官僚でした。

スーパー官僚中のスーパー官僚、と云ってよい存在です。

驚くべきは、二百五十年の泰平をへて、このような大器を徳川の統治は、明治に残せたということです。

それは、やはり、ある種の奇跡としか云い様がありません。

その奇跡は一体、どうして可能だったのか。

翻って、戦後六十年の平和は、奇跡的経済成長を成し遂げた後、急速に翳りを増していきました。

その核心に人材の払底がある事は、疑いをいれないことでしょう。

なぜ、戦後六十年の平和は、大隈重信を生めなかったのか。

この問いは、「時代が違う」といった安易な回答に陥ることなく、今一度、問いかけなおしてみる価値があると思います。

たしかに、佐賀藩は極端な例であるとしても、各藩の藩士教育は、厳しいものでした。

薩摩藩の「郷中」と呼ばれる六歳から二十四、五歳までの少年、青年たちの自治教育組織は、絶対に負けない、卑怯なことをしない、命をかけても名誉を守る、弱い者いじめをしない、という武士道を徹底的に実践させたのですが、そこから西郷隆盛、大久保利通ら英雄が澎湃として現れてきたのは、御存じの通りです。

その教育ぶりは、厳しいうえにも厳しいものであり、目上の命令に背く事、仲間を裏切る事、弱い者苛めをする事、なによりも卑怯な振る舞いをすることは禁止され、違反したときは、子供であっても腹を切らされました。

鹿児島出身の作家の海音寺潮五郎は、当時の薩摩藩士が、死を軽く見る事は異常なほどだったと書いています。

島津の殿様が、大規模な巻き狩りを行った時、命令を下す前に鉄砲を撃った者がいたといいます。

発砲音のために獲物を逃がしたので、「勝手に発砲したものは、切腹申しつける」と殿様が命じると、次々に発砲する者が出た。

流石に激怒して、発砲した者らを引き立てて、「なぜ、余の命に背いた」と問うと、みな口々に「切腹が怖くて、撃たんと思われるのは名折れです」と答えたといいます。

ここまで来ると冗談じみていますが、殿様ももて余すほどの猪武者を、薩摩藩が泰平の間育て続けてきたことには、感嘆せざるをえません。

特段の宗教的な強制があるのでもないのに、不名誉よりも死を選ぶことについて、何の疑いももたない人材を輩出しつづけた事については、研究してみる価値があるのではないでしょうか。

陋屋《ろうおく》に、十人ほどの若者が集まって車座になり、点火した火縄銃を天井から吊し、ぐるぐる回す、という肝だめしも行われたといいます。まさしく命がけですが、そうまでして死を恐れない人間を作りだすという気風は、やはり得難いものです。

しかも、輩出したのは、猪武者ばかりではありません。

まぎれもない、明治日本の設計者である大久保利通をはじめとして、高橋是清と並ぶ近代日本随一の財政家である松方正義や、帝国海軍の実質的建設者である山本権兵衛――花街から女郎を誘拐して妻にしたといいますから、若い頃はかなりの乱暴者だったのでしょうが――も、このくんずほぐれつから出てきたのです。

陸軍が長州、なかんずく奇兵隊の影響を強く受けているのにたいして、帝国海軍は、薩摩藩の気風を強く受け継いでいます。

その幹部を養成する海軍兵学校は、往時、日本で一番の難関校でした。学業においても、体育においても、最優秀の一握りの学生しか、入学を許されない。

しかも、その学業、訓練は、厳しいといった水準を超えるものでした。

毎年、何人もが病気で退学するだけでなく、在学中死亡する学生も数多かった。

大戦前、兵学校で英語教師をしていたセシル・ブロックは、その回想のなかで、モデルである英国のダートマス海軍兵学校よりも遥かに厳しい教育を行っている、と記しています。

兵学校の仮借無い教育は、郷中の厳しさを受け継いだものなのでしょうか。

いずれにしろ、国家の柱石となる人物をいかに作るか、という意識において当時の日本が今とはかなり違う考え方を抱いていたことは確かでしょう。

国家民族の命運のためには、一個人の生命などは何ほどの意味ももたない、というような考え方が、問い返すまでもない常識として浸透していました。みずからの身の上を含めて、国のため、名誉のためには、一命を投げ出すという覚悟が、覚悟ともいえないほどの当たり前として徹底されていたのです。

平気で生徒を殺せる教育。

もちろん、教師たるもの、学生を死なせて平気であるわけがありません。

しかし、その厳しさがなければ、極東の小国はなりたっていかない。

だから、止むを得ず厳しくせざるをえない。

それは、教える側にも、強烈な負担と気構えを迫るものであることは間違いありません。

一時期、こうしたスパルタ教育は、画一化された人間しか生まなかったと批判されました。

けれども、今、思い返してみれば、現在とは比較にならない、多彩な人物を生んでいると思うのですけれども。

鈴木貫太郎や野村吉三郎、山梨勝之進、山口多聞、大西瀧治郎、小沢治三郎のような人物を、戦後日本は、生んだでしょうか。

貧困と病苦にたいする怯えがなくなった

戦争とつながる事ではありますが、戦後の経済的繁栄のなかで貧困とそれに発する病気が姿を消した事も、日本人のスケールが小さくなった事と関係しています。

経済成長が可能にした福祉体制の充実は、相対的にではありますが、貧困を救い医療体制を充実させました。

それはそれで、実際の問題として、とても善い事なのですが、また一方で、器量を小さくすることに少なからず影響を与えていると思います。

生きるという事、それ自体が過酷であるということは、もちろん良いことではありません。

しかし、乳母日傘《おんばひがさ》で育った人間が感じる事のない、痛み、悲しみ、辛さを味わっていたことは事実でしょう。

そのどうしようもなさ、いくら不平をいってもしようがない、議論をしてもどうしようもない、自分で自分の運命を処決しなければならない場面に立った人間と、立たなかった人間とはおのずと覚悟は違ってくる。

もがく事もあるでしょうし、諦観して受け入れざるを得ないこともあるでしょう。

新井白石の自伝、『折たく柴の記』の冒頭、父正済《まさなり》が傷寒（チフス）に罹った時、薬を購う事を禁じて、従容と死を迎えようとする場面があります。正済は、若い頃傾《かぶ》き者のような暮しをしたり、上総の土屋家に仕官した後に御家騒動に巻き込まれたりと、かなり客気の強い人で、そのために白石はかなり苦労するのですが、その父にして寿命と弁えれば、医師の手を煩わせずに死んでいこうとする。家族もまた、悲しみつつそれを見守っている。

年わかき人はいかにもありなむ。よはひかたぶきし身の、いのちの限りある事をもしらで、薬のためにいきぐるしきさまして終りぬるはわろし。あひかまへて心せよ

（若い人ならば仕方がないが、年を取った者が命の限りあることも弁えず、生き延びようと見苦しい様子を見せるのは、よい事ではない。注意して心せよ）

白石の父の言葉は、経済的な貧しさとともに医学そのものが未発達であることを背景としているのは確かですが、それでも人間の生理として、目前に迫る死を受け入れるということはなかなかに出来る事ではありません。

今日の、繁栄した戦後日本に生きる私たちが、一日でも長く生きることがいいことだ、あらゆる手段を尽くすべきだ、と考えるのとは、かなり違ったもののように思います。あらかじめ、人間には限界があるのだと弁えていた人たちと、一分一秒でも長く生きるべきだと考えている現代日本人の間には、大きな違いがあります。

いや、本当はそんな事は考えていないのかもしれません。けれども、巨大な医療福祉体制のなかに組み込まれた、今日の日本人は、そのように生かされている。生きざるを

えない。

死を受け入れるためには、私たちの器はあまりにも小さくなってしまったのでしょうか。

このように云うと、戦争にしろ、貧困にしろ、病気にしろ、無い方がいいに決まっているではないか、と批判されるかもしれません。

もちろん、そんな事はないに越したことはないのです。なければいいのは事実なのですが、しかしまた別の側面で戦争、貧困、病苦がなくなった途端に、日本人の器が小さくなったということも事実としてあるのではないでしょうか。

私はけして、日本人の器量を大きくするために、もう一度戦争をしろ、貧困を呼び戻せなどと云っているのではありません。

そうではなくて、戦争や貧困のどのような要素が器の大きな人間を生む要因になったのか考えるべきではないか、と云っているだけなのです。

最盛期の大英帝国のように、繁栄を謳歌しながらも継続的にすぐれた人材を産みだし続けてきた例もあります。

なぜ、日本はイギリスのように、繁栄のなかで人材を育てることができなかったのでしょうか。

端的にいえば、イギリスは階級社会を維持したのに、日本は階級がない。階級というと、一時のマルクス主義の流行のせいか、わが国では悪いもの、好ましくないものと決まっていますが、そうなのでしょうか。

イギリス社会の、現在まで続く安定性をみると——一時の労働党政権による税制改革により、かなり痛めつけられましたが——そうも思われません。

イギリスの場合、十六世紀の宗教改革以来、土地取引が自由化されてから、階級の移動が容易になりました。経済力のある、ヨーマン（富農）、シティ・シチズン（金満町人）はジェントリー（紳士、日本の武士のような存在）に簡単になれるようになりました。

ジェントリーになるという事は、すなわち、領主として生活するという事を意味します。領民の面倒をみつつ、領地の整備をし、事あれば地域の壮丁をひきいて戦場に馳せ参じる責任を負います。

その「責任」と、「責任」が要求する生活が、もともと農民や町人であったものを立派な紳士に仕立てあげるのです。

ですから、イギリス文学には、「紳士とは何ぞや」を問う小説がたくさんあります。

ジェーン・オースティンの『高慢と偏見』がいい例ですが、ジョージ・エリオットから、サッカレー、ディケンズまでたくさんありますね。

映画『マイ・フェア・レディ』もそういう作品です。原作は、バーナード・ショーの戯曲ですが、たとえ街場の花売り娘であっても、きちんとした言葉遣いと立ち居振る舞い、他者への慮《おもんぱか》りを身につければ、レディ（淑女）たり得るというメッセージは、きわめてイギリス的なものです。

もって生まれた血筋よりも、その人物のもつ能力や品格が、階級を決定するというのですから。

イギリスは、たしかに階級社会ですが、しかし、階級間の移動は活発であり、実力のある人物は、誰でも紳士に、貴族になれるという社会を作りだし、維持してきたのです。

一方のわが国はどうでしょうか。

格差社会と云われていますが、しかし現在の日本に「階級」が存在するのか。

たしかに、金持ちはいます。貧しい人もいるでしょう。

とはいえ、金持ちは金持ちとしての文化を、庶民は庶民としての生活をもっているのか、といえばそういう訳でもありません。

高い車や不動産を買うだけで、何の貢献も国家、社会にたいしてしない。

ノブレス・オブリージュという言葉を好んで使う人がいますが、その本質はわが国では、まったく理解されていません。

ノブレス・オブリージュ、高貴な義務というのは、いざという時に、真っ先に前線に出て行って死ぬという事なのです。

ロンドンのウェストミンスター寺院に行くと、左側の壁に、イートンやハローといった名門の卒業生で、第一次世界大戦で戦死した方の名前が、千人単位で記されています。オックスフォードやケンブリッジのカレッジ（学寮）にも、壁などに二大戦の膨大な死者が記されています。

高貴である者は、ふだんは労働に従事せず、学問やスポーツに精を出しているけれど、国家の危機となれば、一番先に前線に出て命を捨てる。

それこそが、ノブレス・オブリージュなのです。

この基準に従えば、学徒出陣を「悲劇」としてとらえた戦後の日本は、高貴な者の義務を理解していなかったという事になるでしょう。

当時としては、きわめて特権的であった大学生は、イギリス的基準に従えば、戦時においては真っ先に戦場におもむくべき責任があったはずなのですが……。

召集されての軍隊生活を、激しく憎悪した丸山真男も、高貴さのなんたるかを弁えない人物という事になるのかもしれません。

それでも戦前の日本は、まだしもこうした高貴な者の、特権を享受する者の責任が自覚されていました。

日露戦争後、学習院の院長となった乃木希典は、皇族、華族は、軍務につくように戒めていました。

実際、男子皇族はほぼ全員が軍務につきましたし、戦死した方も少なくありません。華族も同様ですね。

軍歴を進まなくても、華族たちは社会問題に果敢に取り組みました。水平社運動を後援した有馬頼寧《よりやす》伯爵——競馬の有馬記念は、彼の功績を称えて作られた賞です——や、私財を投じて苦学生のための寮を作った木戸幸一侯爵など、華族が社会改良の先頭に立っていたのです。

話を戻します。

イギリスの人材教育の話ですね。

イギリスでは学齢に達すると、前述したイートンやハローといったパブリック・スクールに通います。

パブリック・スクールの多くは全寮制をとり、冬でも割れたガラスがそのままにされ、寒風吹きすさぶなか、毛布一枚で就寝するというスパルタ式の教育をうけます。

上級生からのいじめもはなはだしいもので、冷水につけられたり、体罰を加えられたりするのは当たり前。身分にかかわらず辛い日々を送ります。

そのため、トラウマを抱く生徒も多く、作家のグレアム・グリーンなどは、死ぬまでパブリック・スクールを呪っていました。

けれども、そうした慣習が批判されず、改められなかったのは、生徒がみな特権的な階層だったからでしょう。

いずれ父祖からの財産を継ぎ、安楽な暮らしをする者は、子供時代に厳しい生活をしてしかるべきだ、という共通認識があったのだと思います。

同時にまた、軍務についたり、公職についたりする者は、タフでいなければならないと考えられていたという事情もあります。厳しい虐《いじ》めにも動じない、強い人格を持つ者こそが紳士の名に値するのだ、と。

実際、植民地時代のインドの地方官などは、十万人くらいの人口を擁する地域に、たった一人で赴任し、現地人スタッフを駆使して統治するのが、普通の事でした。いつ反乱が起きるか分からない土地を、たった一人で支配するのは、弱い性格ではとても出来ないことです。

「日の沈まぬ帝国」と呼ばれた大英帝国は、まさにこうして鍛えぬかれた高級官僚によって形成されたのでした。

このあたりのスパルタ教育は、ある意味で、薩摩藩のやり方と似ていますね。

イギリスは生麦事件の報復として行われた薩英戦争の後、薩摩の武勇を認めて——なにしろイギリス側は艦長以下、幹部が戦死したのです——幕府を見かぎり薩摩と手を結びますが、もともと素地として似たところがあったのかもしれません。

こうして、少年時代に鍛えられた後、ケンブリッジやオックスフォードといった大学に進みます。

大学ではうって変わって、自由に勉強ができます。

試験は厳しいものですが、講義には余裕があり、好きな教師を選んで、マン・ツー・マンで勉強する。

教師にしても、一学期に受け持つ学生は、せいぜい十人程度というのですから、これは充実した教育が受けられるはずです。

卒業時に一斉試験のようなものが行われるのですが、ある時期から、その科目はギリシャ語と数学になりました。

古典教養と論理で、学生の質を測るというのは、流石ですね。知性の本質に迫っている。

成績の上位者から、インド植民地官僚など、高給で権限の大きい官職についてゆく。

もちろん、就職せずに領地経営に当たる者もいれば、実業界を志す者、政治家になる者、そして軍隊に入る者もいます。

いずれにしろ、高貴なる者は、国家社会に献身する存在になる、という事を前提に育成されてきました。

自己実現のため、豊かな個性を身につけるため、などという冗談事とは完全に無縁な教育です。

イギリスは、二度にわたる世界大戦と、税制改革によりかなりの打撃を受けましたが、この人材育成システムは、いまだに生き続けています。

一方で、わが国はどうでしょうか。

戦前までは、陸海軍はもちろん、帝大を中心とする人材育成システムがありました。なかでも、自由奔放な議論や行動を許された旧制高校は、人格の陶冶に役立ったと、いまでも高い評価を受けています。

何しろ、東京の第一高校では、大逆事件の直後、すべてのメディアが沈黙を守るなか、徳冨蘆花を招いて、十数人を死刑にした政府を批判する講演をさせているのだから、その「自由」はかなりに特権的なものでした。

戦時中ですら、旧制高校内では、反軍的な言説が平気で行われていたといいます。

敗戦後、こうした特権的な教育はまったくなくなり、ただただ偏差値と成績を競う、要領よく勉強して遊びまくり、いい就職先を探す場所になってしまいました。

知識と技量は、身につくけれど教養と人格はどうでもいい、というのが、戦後の高等教育ということになるでしょう。

これでは、人物が出てこないのは、仕方のないことです。

そうなると、社会的階層も意味をなさなくなる。

金持ちはいるけれども、国家社会に責任を感じはしない。

自分の財産と健康の事しか考えていない事にかけては、貧乏人も金持ちも変わらないのです。

金持ちなりの文化もなければ、生活もない。

メルセデスに乗って、セキュリティのしっかりした住居にいるというだけ。

そういう意味では、いまの日本は、本質的な意味での格差のない社会という事になるでしょう。

どんな金持ちも、貧しい人も、そんなに考えている事は変わらない。

同じ新聞を読み、同じテレビ番組を見て、同じコンビニで買い物をし、同じファーストフード・チェーンで食事をする。

F・ニーチェが『ツァラトゥストラはかく語りき』で予言した「末人」ですね。

「われわれは幸福を発明した」――末人はそう言って、まばたきする。

かれらは、生きることがつらく苦しい土地を去った。生きるには温《ぬく》みが必要だからである。そのうえ隣人を愛して、それと身をこすりあわせる。温みが必要だからである。

病気になることと不信をもつことは、かれらにとっては罪である。かれらは歩き方にも気をくばる。石につまずく者、もしくは人につまずく者は愚者とされる。（中略）かれらもやはり働く。というのは働くことは慰みになるからだ。しかしその慰みが身をそこねることがないように気をつける。

かれらはもう貧しくなることも、富むこともない。両者ともに煩わしすぎるのだ。もうだれも統治しようとしない。服従しようとしない。両者ともに煩わしすぎるのだ。

（手塚富雄訳）


慰安と平等と健康を求めて、抜きんでる事や英雄的行為、犠牲を好まない。怖いのは病気と経済的破綻だけ。強い信仰もなく哲学も必要がない。めでたいといえば、めでたいのですが、これで国が、社会が持つのか、次世代に何を残せるのか、大いに不安です。

やはり人物といえるほどの存在を作ろう、産みだそうとしないと、どうしようもないのではないでしょうか。

第二章　先達の器量に学ぶ

どうしたら器量の大きい人間が出来るのか。
器量を大きくできるのか。
まず、なにより先人に学ぶ必要があると思います。
器量が大きい人間を見る事、その生き方について思いを馳せる事が大事でしょう。
余りに時代が隔たっていたり、地域が遠かったりすると、想像が及びませんから、近
現代の日本人から選びたいと思います。

西郷隆盛の無私

西郷は、誰もが認める器の大きい人間でしょう。

体も大きいが人間もデカかった。

何しろ戊辰戦争のさなか、江戸城引き渡しに際して合議をしている間、居眠りをしていたというのですから、とてつもない。

演技かもしれないが、演技とは思わせないものが、西郷にはあるわけですね。これが何といっても、とてつもないところです。

降伏した相手を慮って、ごく少数の供回りだけで、江戸城に乗り込みました。

当時、江戸城では、佩刀《はいとう》禁止なのですね。刀を身につけてはならない。

ところが西郷は、勅使です。

天皇の使者だ。

幕府の法に従わなければならない道理はないのです。

とはいえ、敗者を労りたいという気持ちが西郷にはあった。

だから、苦慮のあげく、刀を腰に下げず、抱き抱えて城に入ったといいます。あまり見栄えはよくないけれど、姿から真情があふれてくる。

これは、どんな人でも感動しますよ。

作為というものがない。なんだか、勝って困っているようだ。

老子は、「戦勝以喪礼処之」と語りました。

戦争に勝った者は葬式に行くように、敗者にたいして恭謙に振る舞わなければならない、けして傲慢にふるまってはならない、と。

乃木希典は、旅順攻略にさいして、敗軍の将ステッセルにたいして、まさしく葬礼のように悲しげに振る舞いましたが、西郷の場合は役者が一枚も二枚も上です。

この時の首尾を大久保利通に伝える手紙で、西郷は自分の事を「陪臣」と書いています。

「陪臣」というのは、西郷は、将軍家の支配をうける島津家の家臣だということですね。いわゆる直参にくらべると格が落ちるわけです。その「陪臣」である自分が、城を渡してもらったと。

大久保は誰よりも親しい友達でしょう。

その手紙を幕府方の人間が見るはずもない。なのに西郷は、「陪臣」とへり下っている。その謙虚さは本物なんですね。

入城後、旧幕府の旗本たちが蜂起をしますが、交渉相手の勝海舟をそれで批判したりしない。勝は勝で、苦労して旗本たちを押さえているという事を知っていたからです。

西郷は、下級武士の出身ですね。

従道は弟ですが、妹もいて、きょうだいはみんな体が大きかったといいます。貧しい家で布団が一枚しかない。そこに大きな図体のきょうだいが寝ていたというから大変だ。

成年して郡方書役助《こおりかたかきやくたすけ》になり、主君の島津斉彬に認められてから、飛躍します。庭方役として、始終、斉彬と接することで薫陶をうけます。

影響を全身で受けるような素養がもともとあったのでしょうね。

斉彬に可愛がられて、江戸に行くにも一緒についてゆく。

徳川慶喜を、徳川将軍家の跡継ぎにする運動に奔走します。開明的な慶喜は、斉彬の同志だった。

斉彬が急死した時——毒殺の疑いが濃厚でした——、殉死しようとして周囲にとどめられています。

勤王活動をしていた僧侶月照を幕府の追手から逃すために薩摩に連れ帰り、庇いきれなくなった時に、月照とともに入水自殺を試みた。

月照は死にましたが、西郷は一命をとりとめました。殉死、入水自殺、ともに未遂に終わりましたが、西郷の愛情の深さがくみとれる事件でした。この件で、奄美大島に配流されています。

開国をめぐる風雲が急を告げると、再び登用されて京都で奔走をします。この時期の西郷は、権謀術数を尽くして、幕府を倒壊に導いていくのですが、ただ鷹揚なだけではない、悪にも強い西郷の貌《かお》が覗いています。

西郷という人は、とても細かい人でもありました。

郡の役人をしていたので、金勘定などにはきわめて細かかったといいます。細かいことが全部わかった上で、すべてをのみ込んで大きく構えている。

大久保利通の次男、昭和天皇の側近を長く務めた牧野伸顕が、まだ子供の頃の話です。学校から三年町の自宅に帰ると、西郷が玄関口に座りこんで大久保家の執事に説教している。

大久保という人は、怜悧で慎重な人なのですが、これが実は政治の面だけのことで、自らの身の上についてはむしろ疎漏だった。家計などには注意を払わないで任せっきりにしていた。それをいい事に執事が着服をし、ために月の支払いに窮するようになってしまったのです。それを聞いた西郷が、糾弾しにやってきた。大久保も西郷も、鹿児島の下加治屋町の郷中で共に育った幼馴染みです。とはいえ、ともに当時は明治政府の顕官であり、近代日本を開いた大英雄でありました。鳥羽伏見の敗戦の後、再起を促す幕臣にたいして徳川慶喜が「わが方に西郷、大久保のような者がいるか」と一喝したといいますが、そういう存在であった。それだけ輝かしい身分になっても、友達が困っていると見れば玄関口まで行って執事を叱りとばす。そういうつきあい方、友達への情宜を持っている人でした。この辺り、人間の大きさを感じさせますね。

宮廷の近代化もまた、西郷の大きな仕事でした。それまで周囲にかしずいていた女房衆を追放し、山岡鉄舟や島義勇《よしたけ》といった豪傑で固めた。これまで馬に乗ることがなかった天皇に乗馬を教え、剣術を学ばせました。

「こんな事では、天下大乱になるのではないか」と、旧弊な堂上貴族たちは眉をひそめたと云いますが、西郷にしてみれば外交の場にだしても恥かしくない、また国民のすべてが尊敬する、青年君主としてお育て申しあげなければならない、という使命感があったのです。

ある時、明治天皇が馬術の稽古中に落馬し、「痛い」と云ったことがありました。普通であれば、側の者が駆け寄って、「御怪我はありませんか、痛みはいかがですか」などと云うところなのでしょうが、西郷は馬上から天皇を見下ろしたまま、「痛いなどという言葉を、どのような場合にも男が申してはなりません」と云いました。

明治天皇は、その後、崩御されるまで、「痛い」とは云わなかったといいます。

昭和天皇は最晩年、侍医に「お痛みになりませんか」と問われて、「痛いとはどういう事か」と反問されたと云いますが、西郷の一言は、孫である昭和天皇にまで届いていたという事になるでしょう。

そして西南の役です。

この大事件については、いろいろな解釈があります。

征韓論の影響もあれば、佐賀の乱、萩の乱といった明治政府の方針への反発も底流にあったでしょう。何よりも秩禄を奪われた士族の不満も大きいものだったと思います。けれど、西郷にとって西南の役とは何だったのでしょう。

それは禊ぎのようなもの、あるいは壮大な葬礼のようなものだったのではないでしょうか。

前にも述べたように、西郷は至誠の人であるとともに、権謀の人でもありました。開明的な斉彬の薫陶を受けた西郷が、開国に反対のわけがありません。けれども、開国を否定する攘夷のエネルギーを利用して、幕府を徹底的に追い詰め、その挙げ句に倒してしまった。

そして倒幕が成功した途端、方針を大転換して全面的に開国し、近代化政策を推進した。

勇猛果敢な薩摩健児を引き連れて、東北諸藩を平定し、明治国家を発足させましたが、いざ新国家が誕生してみれば、最大の功労者であるはずの薩摩健児たちのほとんどが、新知識を身につけているごく一部の者を除けば、新時代には無用の存在になってしまったのです。

旧時代の遺物になってしまった。

新政府はといえば、新世帯にはありがちな事ですが、試行錯誤のかたわら汚職が頻発している。理想が地に落ちて泥にまみれる光景を西郷は目にせざるをえなかったのです。

腐敗に憤り、あるいは地位を失い、こんなはずではなかったと憤る武士たちが、西郷の元に集まってくる。

西郷は、その一命一身を、彼らにくれてやったのです。

自分が彼らを欺いた事を、西郷は誰よりもよく知っていました。

それは徳義に反することだが、社稷《しゃしょく》を守るためには仕方がなかった。

行き場のなくなった彼らに自らの身を与え、彼らとともに滅んでしまう事にした、そう私は考えています。

西郷のためには何千人といふ人が死んで居るのであるけれども、西郷を怨むといふ者はない。今でも神様のやうに思つて居る。つまり少しも私といふことがない。始終、人のため国家のためといふ一念に駆られて居つたからこそさういふ風に世人からも言はれて居るのだと思ふ。結局は人の信用である。その信用が七十年後の今日毫《ごう》も変らぬ処に大西郷の姿を窺ふべきである。

（牧野伸顕『松濤閑談』）

横井小楠の豹変

横井小楠《しょうなん》の名前が、ここに挙がっている事を不思議に思う方がいるかもしれませんが、幕末から維新初頭にかけての思想家ということでいえば、質において群を抜いているのは、佐久間象山でも、吉田松陰でもなく、熊本藩の横井小楠ということになるでしょう。

なにしろ、人物鑑定については、抜きんでた力を備えている勝海舟が、「おれは、今まで天下に恐ろしいものを二人見た。それは、横井小楠と西郷隆盛だ」と云っている。

西郷とともにベスト2に入っているわけです。

横井小楠は、およそ西郷とは、正反対の人でした。

まったく重々しくない。むしろ軽薄。

武士らしい武士というのとは、まったく逆の人ですね。

なにしろ、刀なんか邪魔だといって、帯刀せずに歩いていたというのだから凄い。

勇気がある、というのではないのです。どうも、武士なんてものは面倒くさい、役に立たないと思っていた節がある。

実際、小楠は武士だけでなく、町人も農民も政治に参加するべきだ、と考えていました。それだけでも、近代日本を先どりする思想を抱いていたと評価されるべきでしょう。勝海舟から、アメリカの政治の話を聞いて、即座に「堯舜の世だ」（中国神話時代の理想国家）と云った話は有名ですけれど、とにかく頭の回転が早かった。

横井は、西洋の事も別に沢山は知らず、おれが教へてやつたくらゐだが、その思想の高調子な事は、おれなどは、とても梯子を掛けても、及ばぬと思つた事がしばくあつたヨ。

（『氷川清話』）

と、勝海舟が舌を巻いている。

徳川慶喜、松平春嶽も、小楠に深く傾倒していました。春嶽などは、小楠にほとんど師事するようにして、教えを乞うていた。

熊本市郊外にある、横井小楠の屋敷、四時軒に行った事がありますが、いかにも彼らしい、風通しがよくて、見晴らしのいい屋敷でした。

小楠が遣っていた道具の類が陳列されているのですが、九谷とか南京十錦手《じっきんで》といった、華やかなものばかりです。

いつも芸者や太鼓持ちにとり囲まれていて、客となんざ会おうとしない。それでも井上毅《こわし》とか、元田永孚《ながざね》、坂本龍馬といった連中が来れば、一人や二人は会う。坂本龍馬の有名な船中八策は、もともとは小楠のアイデアですね。

こういう暮らしぶりですから、酒色での失敗が多い。

学問は抜群に出来たのに、酒でしくじって遊学中の江戸から熊本に帰されている。江戸で刺客に襲われた時も、刀をもたず、一方的に逃げたというので、士籍を剝奪されています。薩摩藩だったら、間違いなく切腹させられていたでしょうね。

小楠という人はブレにブレた人ですね。

よいと思ったら、すぐに立場を変えてしまう。

変節するのに、何の抵抗も感じない。昨日、主張した意見を、今日は愚論と切り捨ててかえりみない。

立場や思想を変えること、変節するというのは、あまり格好のいいものではない。

出来れば、立場を守り抜いた、節操を貫いたと云いたい。人に見られたい。

今の政治だってそうですね。あの時の公約と違うとか、違わないとか、不毛な揚げ足とりをしているけれど、政治なんていうのは生き物なんだから、変える時には変えればいいんです。

小楠は、節義を守ろうなんていう見栄はまったくないのですね。すぐに変えてしまう。これは、やはり器が大きくないと出来ることではありません。

なかなか出来ることではないですよ。「君子豹変す」とは易経の教えだけれど、こんなにぐるぐる豹変してしまうのは。

でも、幕末という時代がそういう知性を要求したともいえます。長州、薩摩、土佐、越前、水戸といった雄藩がそれぞれの思惑で動き、それにイギリス、フランス、アメリカなども関わってくる、万華鏡のような情勢においては、小楠のような人間が一番、有用だったのでしょう。

武士的価値観からすれば、まったく信用がおけない人物ですが、彼の教えを海舟も、春嶽も、慶喜も傾聴したわけですね。

最初、朱子学を奉じていたが、いつのまにかそれを放棄し、実学に向かい、ついで西洋流の経済、産業の振興を国是とする改革を提議する。

開国問題についても、日本で諸侯が会議をするだけでなく——それだけでも画期的ですが――、諸外国を招いて、国同士の交際がどうあるべきなのか、会議を開いて決めようという、国際連盟のような提議をしています。

勝海舟が舌を巻いたのは当然でしょう。

名利を厭う武士たちを批判し、「教は富を待て施すべきも聖人の遺意」と語っています。

人民を豊かにする事で、人間性を向上させることは聖人の心にかなう、と云うのです。経済の発展によって精神を豊かにするという、資本主義の本質をすでに捕まえている。実際、小楠の具体的な実績として残っているのは、何よりも、福井の松平春嶽に招かれて、商業の振興を行ったことです。

小楠という人は、情勢分析について大変優れていました。

勝海舟は、長州征伐以来、しばしば小楠の意見を尋ねたけれど、小楠は自分なりの見通しを語った後、「これは今日の事で、明日の事は余の知るところにあらず」という言葉を添えて来たという。

つまり情勢分析などというのは、その場、その場で変わるものであり、長期にわたって用いられる戦略も戦術もありはしない。変幻する情勢に追随し、昨日に拘泥することをしない。

これに、勝海舟は痺れるのですね。

事態の変化の激しさに、臆することなくついていこうとする小楠は、大勇のある人だったと云ってよいでしょう。

いい加減でいる事にもまた、大きな器量が必要なのです。

武士道徳を否定した小楠は、明治政府に出仕後、京都で十津川郷士らにより暗殺されてしまいました。

この頃はすでに、酒色によって発した病で、かなり体が弱っていました。

伊藤博文の周到

山口県の下関市内に、櫻山神社というお社があります。

奇兵隊の隊士を祀る神社です。

やや急な階段を上ると、高さ一メートルほどの石柱が数百個ならんでいる。

奇兵隊隊士の墓ですね。

最前列真ん中の吉田松陰の墓が少し大きいのですが、それ以外の墓柱の大きさはみんな一緒です。

山縣有朋や井上馨といった元老、重臣の墓石と、百姓義助、大工蓑吉、力士大衛門といった石が均等に並んでいる。

ここにこそ、日本のデモクラシーがある、と私はいつも思うのです。

身分に囚われず、国事に奔走するものを平等に扱う、平等の原理が明らかに示されている。

吉田松陰が説き、高杉晋作が奇兵隊として形にして見せた、四民平等の共同体がここに具現されているのです。

伊藤博文は、長州デモクラシーの胎動から生まれてきたのです。

伊藤は、百姓ともいえない身分から出てきた。

父に連れられて、長州藩内を転々としているうちに、萩に越してきた時、近くにあった松下村塾に入って、ここから運が向いてきた。

薩摩の西郷、長州の松陰と云うけれど、実際、松陰という人は、何もしていない人です。

何もしていない、というのは乱暴ですが、それに近い。

江戸などに遊学していますが、ほとんどが萩を中心とする長州で過ごしている。

牢屋には入れられたことがありますが、女性は知らなかったようです。

少年のような人で、人生経験というほどのものはなかった。

松下村塾という私塾を営んでいただけです。

けれども、その塾が爆発的な意義を歴史にもたらした。

何がそんなに凄かったのか、というのは答えるに難しい。

とにかく、生徒を褒めた。

けちけちしないで、徹底的に褒めたのですね。

高杉晋作も、久坂玄瑞も、山縣有朋も、品川弥二郎も徹底的に褒めた。

それが、彼らによい影響を与えたのは確かでしょうが、褒められるというのは、ある意味怖い事なんですね。

叱られるよりも、褒められる方がよほど怖い。

褒められてしまうと、どうしても期待を裏切りたくなくなる。

褒めてくれたのが、敬愛する先生であれば、なおさらです。

ところが、伊藤博文はあんまり褒められなかった。

「周旋の才あり」という具合ですね。

交渉が上手いということですね。たしかに間違っていないけれど、若者がよろこぶ評価ではない。

でも、あまり褒められなかったのが、かえって良かったのかもしれない。

盛大に褒められた、久坂玄瑞や高杉晋作は、早々に死んでしまっていますから。

その分、距離をとって、ちょっと僻《ひが》んでいる位なのがよかったのかもしれません。

いずれにしろ、松下村塾の仲間に加えて貰ったのはよかった。

特に遊び好きの高杉晋作と井上聞多（馨）の二人とつるむようになった。

面白いのは、高杉も井上も、名門の出身だったこと。

二人ともおぼっちゃんだったから、逆に身分にこだわらなかったのかもしれません。

高杉が兄貴分だったけれど、井上と伊藤は、すぐに朋輩になった。

この辺り、もう長州では、デモクラシーがはじまっていたわけです。

松陰が安政の大獄によって刑死し、ついで桜田門外の変が起きて、天下騒乱の時期がはじまると、伊藤はいっぱしの志士ということになってしまった。

江戸に上って、志士を気取ったついでだか、いきがかりで暗殺事件を起こしている。『群書類従』という、日本史上最大の叢書を作った碩学、塙保己一《はなわほきいち》の跡取りの忠宝《ただとみ》を、殺しています。当時、幕府が忠宝に依頼して、天皇を退位させた先例を調べさせている――強硬な攘夷論者である孝明天皇を退位させるため――という噂が流れていて、それで狙われたわけですが、無力な学者を殺したのだから酷いものです。

酷いものだけれど、伊藤としてはやらざるを得なかったのでしょう。仁侠方面で云う、「立場を作る」という事でしょうか。松下村塾の一員という以外、何の背景も持たない伊藤が成り上がってゆくには、渡らなければならない橋だった、と私は思います。

暗殺犯が日本国の総理になっていいのか、という議論も勿論あるでしょう。しかし、一方で伊藤自身、生涯に渡って何度も狙われ、襲撃され、結局、安重根に殺された。そういう時代だったのですし、そういう時代だから、伊藤のような人間が出てこられた。

実際、この「テロ」によって、伊藤博文は、正式に武士に取り立てられています。

多分、良心の呵責などは一切、なかったのではないでしょうか。やらなければならない事をやった、というだけでしょう。そんなに強烈に、相手を憎みもしていなかったと思います。

高杉と一緒に英国公使館を焼き打ちしたり、藩の金をごまかして品川遊廓の土蔵相模で遊んでいたりしているうちに、イギリスに井上と留学することになった。

一応、攘夷という看板をあげていて、その上、イギリスの公使館に地雷火を放り込むというようなテロ行為をした人間がイギリスに留学してしまうのだから、乱暴といえば乱暴ですし、何しろ節操がない。でも、まあ、伊藤という人は節義がどうのこうの云う贅沢な身分ではない。池辺三山――ジャーナリストで、朝日新聞に夏目漱石を招聘した人です――は、伊藤のことを「日本でこういう立身出世をした人が外にあるとすれば、それは太閤さんの外にはない」（『明治維新三大政治家』）といっているくらいで、それぐらいどうしようもない境遇から出てきて、位人臣を極めたのです。

イギリスに着くやいなや、長州とイギリス、フランス等が戦争になっているという報せが入る。それで急いで帰国してしまうんですね、井上と一緒に。

この辺の俊敏さというか、思い切りが凄い。普通だったら、長い航海をしてきたのだから、しっかり勉強をしよう、と考える処なのだろうけど、それをしない。

とにかく国の一大事だからと帰国してしまう。

政治家には、指導者には、こういう思い切りのよさと、進退のセンスが必要なんですね。

一目散に帰国して、高杉の挙兵に参加し、倒幕の渦中に押し出されてゆく。

高杉が死んだ後は、木戸孝允が後ろ盾になるのだけれど、明治政府が出来あがると、伊藤は大久保利通にすり寄るわけですね。

これが木戸には、気にくわない。

それはまあ、そうでしょう。

どこの馬の骨とも知れない、お百姓ですらないような人間を、一廉《ひとかど》の人物にしてやったのは、誰なんだ、と。長州ではないか、という思いが強烈にある。

まあ、当然でしょうね。

一体に、木戸という人は、細かい人で、薩長同盟を締結する時も、西郷隆盛をつかまえて、蛤御門の変だの何だの、過去の行きがかりを持ち出して、一々難詰した。そんな話をしても始まらないだろうという事を話さないと気がすまない。そういう人物だから、大久保について行った伊藤にたいして、大いに含むところもあったろうし、実際、嫌みもいったでしょう。

けれど、伊藤が大久保の処に行ったについては、ただ、その手腕、権勢を慕っただけではなかったのです。

やはり、人に惚れたのですね。

こんな話があります。

木戸と伊藤が二人で、同郷の前原一誠を参議にしてくれ、と推挙した。参議というのは、今の閣僚みたいなもので、かなりの地位です。ところが、大久保は「ちょっと待ってくれ、調べていることがある」と云う。俺の同志を軽く扱ったと云って木戸は怒るし、伊藤もいい気分ではなかった。ところがある日、大久保の秘書官が人力車二人引きで、伊藤の家にやってきて、大久保からという暗号電報を届けたのです。それには、前原一誠が三千挺の銃を萩に持ち込んで、反乱を企てていると書いてある。伊藤は、それを見て感涙を流したといいます。もしも、前原を参議にしていたら、木戸も伊藤も面目を失うばかりでなく、下手をすれば失脚していたでしょう。

しかも、どこにも出る前に、長州の伊藤の処に届けてくれた。知らなかったではすまない話を間一髪で、知ることが出来たのです。もっとも、伊藤が泣いたという話を、秘書から聞いても、大久保は首をちょっと振っただけで、何も云わなかったという事ですが。これはこれで大久保らしい。

伊藤にとって幸運だったのは、西南戦争前後に、大先輩たちが相次いで死んだことでしょうね。西郷が戦死し、木戸が病死し、大久保が暗殺された。

しかもライバル関係にある薩摩閥は、西南戦争の結果、弱体化してしまい、長州が圧倒的優位に立ったわけです。

まあ、運がいいのも才能のうちなのですが、こういう運がいい人が上にたつと、その組織自体が上手く行くところがある。

指導者の重要な資質ですね、運がいいというのは。ツキの無い人が上に立つと、下はたまったものではない。極論かもしれませんが、ツキがないというのは、リーダーにおいてはほぼ犯罪に近いことです。

初代の総理大臣となってからの閲歴は御存知の通りです。

とにかく、人にたいして濃やかでした。

濃やかといっても、接待をしたり、贈り物をするのではない。そういう事だって、必要があればいくらでもするだろうが、人間観察が行き届いている。うんと下からずっと人を見てきたという迫力がありますね。

たとえば伊藤博文の数多くの事績のなかでも、特筆すべき憲法の起草です。

伊藤はドイツ、オーストリアを回り、ウィーンで、憲法学の泰斗、シュタインに師事し、その骨格を作りあげたのですが、大きな問題がありました。

憲法の制定過程に、どう天皇にかかわっていただくか。

大日本帝国憲法は、欽定憲法ですから、天皇自らが定めたという事になっている。

伊藤をリーダーにし、井上毅などの官僚や学者がチームを組んで作り上げたのですが、審議には天皇に参加して貰わなければならない。

そこで、伊藤は藤波言忠《ことただ》という、公家あがりの宮中官僚に目をつけた。

この藤波という人は、子供時代から明治天皇と一緒に過ごして来た人です。

明治天皇は、子供の頃、生母の実家で育てられたのですが、その時から一緒にいたのです。

天皇が悪戯をすると、代わりに倉に放りこまれたり、食事をさせてもらえなかったり、という経験をしてきた。学問もずっと一緒にやってきたのですから、御学友という事になるのでしょうか。

ですから、天皇にたいする距離はきわめて近く、男子禁制の「奥」と呼ばれていた後宮にも、藤波言忠は平気で乗り込んでいって、病気治療を嫌う天皇に、「お上よう、お上だって人の身なんだから、ちゃんと医者に掛からないといけませんぜ」などと率直に諫言できる人物でした。

伊藤博文が、西欧化政策を進めていた頃、天皇が数日にわたって、出御されない事がありました。明治天皇は、富国強兵は避けられない事態だと考えておられましたが、基本的には保守的であったので、伊藤のやり方に疑問を抱く時もあったのです。

天皇が出御しないと、決裁がいただけない。国政に遅滞が生じる。伊藤が困り果てているのを見て、藤波が奥に乗り込み、出御するよう天皇に諫言しました。天皇は、「貴様は、政治向きの事に口を出すな」と怒ったのですが、翌日、出御し、何もなかったように溜まった決裁を片付けてしまいました。

伊藤は、藤波の天皇にたいする影響力に着目しました。

ウィーンに赴きシュタインの講義を受け、その内容を天皇に伝えてくれ、と藤波に依頼しました。

藤波は驚きました。ドイツ語も、法学も、まったく分からない自分が、ドイツに行ってどうするのだ、と。

「貴公は、お上とずっと一緒に暮らしてきた。勉学も共に行ってきた。貴公の学識とお上の学識はほぼ同じであろう。貴公が理解すれば、お上も理解してくださるに違いない」と伊藤は云い、留学を促しています。

伊藤の怖いところは、通訳の選び方にも現れています。藤波は、宮中勤めの傍ら、馬の品種改良など畜産に携わっていたのですが、通訳としてつけたのが、畜産の専門家でした。法学者などをつけて、生半可な知識で藤波に説明したり、勝手に解釈したりする事を恐れたのです。ドイツ語はできるが、法学の知識はまったくない者を、選んだわけですね。畜産の専門家であれば、藤波と話もあうでしょうし。

こうして、藤波は半年をウィーンですごし、帰国後、毎晩、「奥」で天皇と皇后に憲法のなんたるかを講義しました。天皇も、藤波が相手ですから、気楽に質問が出来るわけですね。しかも、後宮の内部ですから、女官以外誰もいない。すみずみまで、隈無く尋ねる事ができる。

かくして天皇は、欽定憲法の審議に深く携わる事が出来た。発布に際して、大隈重信が「あれは伊藤が勝手に作ったものだ」と発言したのに対して、天皇が激怒し、「余はきちんと審議した」と発言されたのも、こうした背景があったからです。伊藤の周到さ、濃やかさをよく示す挿話だと思います。

伊藤といえば、女性関係についても避けられません。

晩年まで漁色を続けて、倦む事がなかった。

本人が常々「予は麗わしき家屋に住まおうという考えもなければ、巨万の財産を貯るという望みもなく、ただ、公務の余暇、芸者を相手にするが何よりだ」（つや栄『新橋三代記』）と言っていたほどです。

「赤新聞」と云われた、黒岩涙香の万朝報で、たびたび女性関係を暴露されています。

当時、新橋で芸妓に出ていた人で田中家千穂という人がいます。関西財界の雄、藤田伝三郎が、熨斗《のし》をつけて伊藤に贈ったので、「おのし」という仇名がついたという曰くつきの女性です。彼女の回想録があるのですが、彼女が朋輩と二人で、何度も大磯の伊藤邸に呼ばれたとか。二人で代わる代わる相手をしたというのですから、まあ、かなりの精力家であったことはたしかでしょう。

梅子夫人は、芸者上がりだけあって、よく出来ていて「よろしくお願いします」と頭を下げるだけでなく、帰りには祝儀とは別に帯留めなどを呉れたとか。

伊藤博文は、芸者には抜群に人気があったと田中家千穂は、書いています。

というのも、座敷で芸者が踊りなど、芸を披露している時には、伊藤はいつでも、居住まいを正してきちんと見る。酒を呑んだり、私語を発したりしない。これが芸者の伊藤にたいする大きな信用となったのですね。如才ないことでは、人後におちない桂太郎ですら、しばしば踊りの間に密談をしたりするのに、伊藤はそれをしない。そういう意味では、彼女たちの尊厳を伊藤なりに認めているわけで、こういう事はやはり相手に通じる。

例へば踊りを見ても、唄を聞いても、さう言つては失礼ですけれども、あの方たちには本当の良さは分らないにきまつてゐます。伊藤さんはそれでも踊りなら踊りを踊つてゐる間は決してほかの用談を話さない、ぢつと芸を見てゐて呉れます。桂さんの方はさうぢやない。フト思ひ出すことでもあると、芸者の踊りはそつちのけにして、「ちよつと」とかなんとかいつて、モソモソ話を始めてしまひます。伊藤さんは話しかけられてもただ「フム、フム」と答へるだけで、むしろそれに耳を傾けることを避けてをりましたのに、桂さんは平気でそれをやりました。
（『新橋生活四十年』）

花柳界は華やかですが、厳しい世界です。いい旦那を得たり、堅気になって人の女房になったり、いずれかのお茶屋の女将に収まる、といった人は少ない。ほとんどが病を得たり、借財を抱えたりといった苦しい人生を送ることになる。

そういう世界で、意地になって磨いた芸を、真剣に見るというのは、ある意味で礼儀でしょう。その礼儀をほとんど弁えない客ばかりのなかで、音に聞こえた狒々爺《ひひじじい》である伊藤博文が、彼女たちに礼を尽くしたということは、皮肉ではありますが、また素晴らしい事です。

下積みの人々にたいする敬意を伊藤が抱き続けてきた証左でしょう。

先に言及した池辺三山は、伊藤博文を藤原鎌足とも並べています。

鎌足は蘇我一族を討伐し、政権を握った後、大化の改新をして、一挙に中国の文物を導入した。

伊藤も明治維新に参画し、ヨーロッパ文明を日本に一気に導入した点で似ている、と。

伊藤は内閣を作り、憲法を作り、議会政治を作っただけではありません。

華族を作り、勲章を作り、みずから公爵になり、勲章をたくさん貰いました。そういう事について、まったく衒《てら》いがない。名誉が好きで、その名誉をおおっぴらに楽しんだのですね。

俗物ぶりも、ここまで来ると器の大きさを感じさせるからたいしたものです。

原敬の反骨

原敬《たかし》といえば、平民宰相と云われますが、実は名家の出身です。

おそらく、明治政府の顕官たちのなかで、一番身分が高い家の出身でしょう。

原は、南部藩で、代々家老を務めた家の出身でした。

その原が、平民になったのは分家して、みずから一家をたてた時です。

士族の身分を捨てた。

それは南部藩が戊辰戦争に敗北し、その藩士たちが賊軍の汚名を着せられた事への反骨から出たものでした。

士族を返上しただけでなく、政府の顕官となってからも、爵位や位階などはすべて辞退してきました。

その墓石には、ただ原敬墓とのみ書かれていて、経歴等は一切記されていません。原の強い意志によるものです。

「墓石の表面には余の姓名の外戒名は勿論位階勲等も記すに及ばず」

死んだ以上は、盛岡の土になるからには、国家が与えた地位も職も無縁なものとして眠りたいと云うことでしょう。

遺書には、加えて以下のような指示が示されています。

「東京にては何等の式を営むに及ばず遺骸は盛岡に送りて大慈寺に埋葬すべし埋葬の方法は先づ古河端に送り日時を定めて夕刻内葬をなし更に日時を定めて本葬を営むこと大体兄上の時の例を参酌して適宜取計ふべし但死亡冬ならば焼て遺骨を送るべし此場合には内葬などの面倒に及ばず」

森鷗外の墓も、同様の体裁をとっていますが、これは原の真似をしたのではないか、と推測する人もいます。

戊辰戦争の敗北、官軍による占領を少年期に体験したことは、原の精神、というよりその土性骨に、強い刻印をつけたと見て、間違いないでしょう。

原は、「一山」を号にしていました。戊辰戦争後、官軍側が、「白河以北一山《ひとやま》百文」と嘯《うそぶ》いた故事を踏襲してのことです。

自分は、一山百文の土地から出て来た人間だ、という事でしょう。

とはいいながら、政治家としての原は、官軍側の人間に敵意をむき出しにしたりはしませんでした。

薩摩の人間とも、長州、土佐の人士とも、仕事となれば、きちんとつきあった。

原の怒りは、露骨に薩長人を嫌悪したり、排斥したりするような安っぽいものではなかったのです。

明治二十四年、松方内閣が海軍予算で議会の厳しい追及を受けた時、海軍大臣の樺山資紀《すけのり》が激高して、「日本の今日あるは薩長のためなり、諸君らはしきりに薩長薩長というが、維新を誰がしたと思うておる、諸君らが今日安泰でおられんのも、一に薩長のお蔭じゃなかか」と発言し、維新以来の国家建設の功績はすべて薩長にあるのだから、民党は黙っていろという答弁をしました。いわゆる「蛮勇演説」です。

この乱暴な発言に、議会は騒然となるのですが、当時、農商務省に勤めていた原は、日記に、こう書き記しているのです。

説の当否は暫く置き此演説は各大臣の演説中尤も力ありしものなりき。

（『原敬日記』、以下同）

官軍にたいする敵愾心を抱いている身からすれば、樺山の暴言には憤ってしかるべきだと思うのですが、原は怒らない。

たしかに、樺山の云うことは力強い、その通りだと、素直に認めているのです。

この事は逆に、原の怒りというものが、どれほど深く、大きいものだったかという事を示しています。

簡単に、怒ったり、怒鳴ったりするような甘いものではない。

冷たく、内側に籠もっていくような、重く鋭い怒りだったのでしょう。

上京してすぐ学費につまり、カトリックの神父の学僕となって苦学して漸く入学した司法省法学校を、騒擾に参加した廉《かど》で退校処分にされています。薩長出身者は、退校処分に付されなかったので、ここでも差別を受けたことになります。

新聞記者となり、井上馨の知遇を得て外務省に入り、陸奥宗光と出会った。

原は、「一山」と号したように、賊軍側の人間である事を強く意識していましたが、短絡的に反政府的な立場を取ることがなく、むしろ政府側に身を置いてきました。法学校も官営のものですし、新聞も政府寄りのいわゆる御用新聞で、そこから外務省に行く。戦争に負け、不当な目にあったからといって、反政府運動に加わったりしない。じりじりと権力中枢に近づいていって、ついにはそれを丸ごと手中にしてしまった。かなりの器量人といえるのではないでしょうか。

政党政治家としては、近代日本で最強といってもいいかもしれない。

政友会の院外団――政党が養っていた暴力団のようなものです――時代、原の世話になっていた大野伴睦は、「味方にすれば、こんなに頼りになる人はいないし、敵に回せば、これほど手強い相手はいない」と云っています。

とにかく、味方には篤くしました。

年末、国会が閉会になると、ほとんどの議員は、国元や温泉地に行ってしまう。ところが、原は一人だけ、芝の小さな屋敷でがんばっている。政友会関係者で、年越しの金がなくなった者を助けてやるため、東京に残っているわけですね。

大野伴睦は、原から「歳暮」と称して、十二月中に、百円を三回貰ったという。原は三回ともニコニコ笑って、機嫌よく払ってくれたそうです。

伊藤博文が政府与党として政友会を結成した時、原は大阪毎日新聞社社長という地位を擲《なげう》って参加し、幹事長を経て明治三十三年に逓信大臣としてはじめて入閣しました。政友会総裁時代、原は、党のすべての代議士を一人ずつ自宅に招き、夕食をともにした後、その人の経歴や経済状態、そして志などを事細かに聞き、それに応えるべく尽力したといいます。

さらに、官僚や軍人などとも広く交際をして、誼《よしみ》を通じています。昭和期に、軍部が政治的に台頭しますが、その頃には、原のように濃やかに軍人とつきあった政治家はほとんどいませんでした。政治家だけでなく、軍人、官僚とつきあい――原の手引きで官僚から政治家に転じた人物は、高橋是清から床次《とこなみ》竹二郎までたくさんいます――、ついには政党を蛇蝎視していた山縣有朋をして、原に依存せざるをえないようにしてしまう。
原は、人材というものが、いかに得がたいものか、という事を熟知していました。

来る者は拒まず、去る者は追はずと云ふは疎《うと》し。来る者は拒まずは然り、去る者も追ふべし

来る者は拒まずは当たり前。それだけでは人材は確保できない。自分を嫌って去る者でも、能力のある人間は追いかけて使わなければいけない、という事でしょう。

原も大隈と同様に、誰とでも会いました。

当時、院外団の一員だった大野伴睦にすら、あれほど篤くしたのですから、推してしるべしですが。

ある日、面倒な事案の説明に大蔵事務次官が、原を訪ねると、先客の話が長引いて、なかなか通してもらえない。一時間ほどすぎて、やっと通されて先客がどのような重要人物かと思ったら、昔、朝鮮で知り合った古老であったといいます。政治的にまったく意味をなさない人にたいしても、きちんと対応をする、そこまでしないと政治は出来な

いというのが、原の流儀でした。

原は二度結婚をしています。

最初の妻は、井上馨の側近で県知事を歴任した中井弘の娘貞子でした。中井は、自らの妻を井上に譲っており、その娘も母とともに井上家に移っていますから、実質的には井上の養子と結婚したといっていいでしょう。原が二十七歳、貞子は十四歳。原が、井上の推挽で天津領事に任命された際、領事が独身で任地に行くのは拙《まず》いというので、急遽婚礼をしたのです。

当時の結婚というのは、こんなものだったのでしょうが、夫婦仲は非常に悪かった。原は身長も高く、かなりの美男子でしたが、妻は原を受け入れず、ヒステリーの発作を起こし、ついには神経衰弱になってしまう。

妻の発作をなだめるために、帰宅した後、背負って家中を歩くというような事を強いられたといいます。

まあ、夫婦の仲というのは、余人には測り難いところがあるので、実情は解らないのですが。

しかし、隙間なく政務をこなし宴席を廻り、あれだけ緻密な日記を毎日記したうえに、女房を宥《なだ》めていたのですから、頭が下がります。とても、出来ない。
結局、原は貞子と明治三十八年十二月に離婚し――九年間別居した後です――、新橋に芸者に出ていた浅と結婚をします。
浅と知り合って以来、十五年がたっていました。

昨日、浅入籍して正妻となすの届を盛岡に送りたり、昨年末に於て母上始め兄弟親族皆な異議なく、殊に嫂昨年末上京の際国許の意思を以て之を勧めたり、本人は其無教育にして到底其位置に上るべき者にあらずとて固く之を辞したるも、一同之を容れず、強て之を承諾せしめたり。本人は余を助くること既に十五年の久しきを経たるものなり。

浅の旧姓は菅野です。浅草育ちで、原と会ったときは、新橋で芸者をしていた。西園寺公望は、浅を「原の細君は新橋の下等な芸者で……」と語っています。もっとも政友会総裁でありながら、実権はすべて原に握られていた西園寺の原評は、かなり歪んでいるのですが。「現金を触っている時、あんな嬉しそうな顔をする奴はいない」というはなはだ興味深い、評も残しています。

この当時、総理大臣、閣僚の妻が芸者上がりというのは、めずらしいことではありませんでした。山縣有朋も伊藤博文も、井上馨もそうであった。山本権兵衛は品川の花魁を海軍兵学校の仲間と強奪して正妻に迎えています。

浅は学校は嫌いで三日しか行かず、字が読めなかった。ですから赤新聞に原の女性関係が載っても解らなかったといいます。ある時、妾宅の写真が掲載されて、さすがにそれと解ったとか。

浅は原と知り合ってから原が離婚するまでの十五年間、東京の芝愛宕山の小宅で暮していました。その家に原は、自分の姪の子・上田貢を預けています。子供のなかった原は後々貢を養子にするつもりでおり、その子を浅に預けたのです。

浅は容姿もそれほど美しくなかった。

「浅子夫人は、一向別嬪ではなく、どこかの料亭の女将然たるものがあった。髪もひっつめに結い、いわゆるいぼじり巻という粗末なものであった」と、作家の舟橋聖一が書いています。「いぼじり巻」はすさまじい。

座敷に出ていた頃、浅は客扱いがうまく、気難しい原を上手くあやして飽きさせなかった。滅多に愚痴をこぼさない原も、淺にだけは本音を漏らすことができたといいます。しかも淺は、けして話を漏らすことがなかった。

原は字の読めない淺に、新聞に掲載されている講談を読んでやっていました。原が書類を見たりメモをつけたりして、なかなか読んでくれないと、淺は「あなた、まだですか？」とせかし、すると原は「さあ、きょうのところはどういうことになったかな」などと言いながら読んでやったといいます。

舟橋聖一は、古河財閥の重役だった祖父の近藤陸三郎の別荘が原と同じ神奈川県の腰越にあったため、原敬夫妻にかわいがられ、その別荘にもよく寄せてもらったという。子供心にも、見るほうが照れくさくなるくらい二人は仲がよかったと、随筆の中で書いています。腰越は坂が多い。別荘から江ノ電の駅まで人力車で行く際、原は淺を車に乗せて、自分はその車の背を後押ししていたというのです（「私の会ったひと（2）」、朝日新聞、昭和三十九年一月二十二日）。

原が暗殺された時、淺はその遺志を貫徹しました。

死んだ以上は私人だとして総理大臣官邸に移そうとした閣僚たちの意見を制して芝の自宅に運ばせ――外務省の通商局長時代に求めた、ごく狭い家です――、授爵を拒否し、東京での葬儀は行わず、手元にあった党の資金を一銭まで細かく精算して返却した末に、遺骸を盛岡に運び、原の指示通りの墓を作ったのです。

浅は、原の死後、一周忌を無事すました後に、肺炎でなくなりました。

原の暗殺くらい、近代日本史に大きな影響を及ぼした事件はないでしょう。

大久保の死も痛手でしたが、伊藤博文がその代わりをつとめました。

けれど、原の代役を務められる政治家はいなかった。

徹底した現実主義者だった原が、あと十年生きていれば、日本がアメリカと戦争をするなどという事態はおきなかったでしょう。

松永安左衛門の強欲

近代の実業家といえば、稀代の論語読みだった渋沢栄一にまず指を屈さなければならないでしょう。一代で三菱財閥を築いた岩崎弥太郎、歴史ある豪商三井家を近代的財閥に変質させた益田孝、労働者にたいして何の保障もない時代にその権利と福祉に精魂を傾けた武藤山治、鉄道経営とデパート、興行を連携させた小林一三など、多士済々ですが、人間の面白さ、大きさ――かなり複雑な意味での大きさですが――という点では、やはり松永安左衛門という事になると思います。

「電力の鬼」と呼ばれた松永安左衛門ですが、たしかに仕事ぶりには鬼気迫るものがありました。

戦前、電力会社は免許事業ではありませんでした。あまたの会社が参入していた状況から、買収、合併を繰り返し、当時五大電力会社の一つと呼ばれた東邦電力を設立しました。その後、電力供給の地域的独占にもとづく、発電、送電、配電の一元化という、当時としては斬新な構想をぶちあげたのですが、日中戦争が進行するなか、電力を国家管理の下に置こうとする軍や商工官僚と激しく対立し、「官吏は人間の屑だ」と発言して、全国の官吏から激しい指弾を受け――今日よりも格段に公務員の地位が高かった時代です――全国紙に謝罪広告を出させられた上に、隠遁をよぎなくされました。

「鬼」と仇名されたのは、敗戦後の昭和二十四年、七十四歳で電力再編にかかわる電気事業再編成審議会の会長となった時でした。

松永安左衛門は、官僚の反対を押し切り、国家統制の下で作られた電気事業を全国的に総括していた日本発送電を解体し、現在の九電力体制を作りあげ、電気料金の大幅値上げを提議しました。

値上げ幅は、初年度三割、翌年、再び三割という乱暴なもので、当然大きな反発をよびました。

家計を直撃される一般国民はもちろん、工場経費などの増大で経営を圧迫される財界も大反対し、政府も議会も一致して松永を攻撃し、更迭しようとしました。

松永が、かくも大胆、というより乱暴な提議をしたのには、相応の理由がありました。

戦争中、爆撃などで、大きな被害を受けた電気事業は、なかなか安定した操業がかなわず、停電は日常茶飯事でした。そのため、各種の工場・事業所などの運営にも影響が出て、経済の復興の足かせとなっていたのです。

松永は、停電という日本経済の宿痾《しゅくあ》を解決するには、電気料金を上げて、その資金でインフラを整えるしかない、と確信していたのです。

占領軍も松永を支持しました。

当時、朝鮮戦争がはじまっていて、日本は、アメリカの武器工場の様相を呈していました。占領軍にとって軍需生産の安定が、最優先事項であることを、松永安左衛門は知悉していたのです。

ＧＨＱの支持を背景に、松永は吉田茂首相以下の政府、議会、財界、労働組合の大反対を押しのけて、二度にわたる値上げを強行しました。

結局、松永の企図はずばり的中し、停電は解決し、電力の供給は安定するとともに、電源開発への投資も可能になったのです。復興から高度経済成長までの産業の伸展を考えるうえで、松永の貢献は、きわめて大きいものだと云い得るでしょう。

険悪の極みとなった、松永と吉田茂の関係を修復しようと、二人と懇意な政治家、財界人が仲介役となり、吉田茂が一日、松永安左衛門宅を訪問しました。

帰路、吉田茂は、松永所蔵の収集品はたいしたものだが、庭はたいした事がないな、と云いました。それを伝え聞いた松永は、「美術品は、ただ今あのままを見ればいい。だが庭は、五十年後、樹や苔がどうなっているかを想像しながら観賞するものだ」と語って、吉田の短絡を笑ったといいます。器が違うとは、まさしくこの事でしょう。

壱岐島の鯨捕りの網元の家に生まれた松永安左衛門は、福沢諭吉を尊敬し、跡取りを東京に出すのをいやがった家族を絶食までして説得し、慶應義塾に入学。実際に接した福沢を、「聖徳太子よりも、弘法大師よりも偉い」といって尊敬しました。卒業間近になって、「自分は、先生の教えを受けたくて慶應に来たのであって、卒業免状が欲しいのではない」と中退しています。それほど、純粋一途に福沢を尊敬していて、荒っぽい、強引な振る舞いが目立つ松永の核心が純粋澄明であったことをよく示しています。もっともこの尊敬番付は後に変動して、第一位は、茶人財界人の原三渓になるのですが。

そこまで尊敬していたのなら、畏まっていそうなものですが、そうはならないのが松永安左衛門で、寄宿舎の一番大きい部屋に陣取り、虎の毛皮を布団に敷いて寝るのはともかく、毎日、女郎屋通いを欠かさなかったというからすさまじい。

女道楽は、松永の宿痾というもので、八十を過ぎても平気で女を口説くばかりか、夜這いまでしたといいます。六十の時十六歳の芸者を落籍《ひか》せて妾にするなど、世間の反発を買う事はすべてやり、松永が花柳病を移したために、その夫人は生涯子供を産めない体になってしまいました。

この欲望の強さは、松永にとっては、事業欲と切っても切れない、同根にして二つに切り分けることが出来ないものでした。

若い時は、女道楽がしたい、これには金がいる。多くの人を使って仕事を拡張してみたい、これにも金がいる。だから私は大学を卒業せぬうちに、大阪で石炭屋になり、ブローカーになり、中国の上海と漢口に店を開き、相場に手を出したりするなぞ二十八歳頃まで冒険的な商売をしていた。（中略）とも角、若い時、金が欲しければ、泥棒をせぬ限り、何でも商売して金を儲ける、使う、貯める、性慾が昂じてくれれば、泊り合わせた他人の女房でも夜這いに行く。その時勝負で、一かバチか、要は男の度胸と才能によるもので、いわばホルモン的本能とも冒険的興味ともいうべきで、資本主義を信奉したとか、他を搾取して自分を富ましたとか、それは他人の命名する標題に過ぎません。

（「わが生き方」『勇気ある自由』）

これは、武者小路実篤、谷川徹三との鼎談で語った言葉ですが、困るのは松永の話は「若い時」だけではなく、七十九歳のこの時点で「性慾が昂じてくれれば、泊り合わせた他人の女房でも夜這いに行く」ような振る舞いに及んでいたということです。女性の顔を見れば、その性器の形状がわかると放言し、座興として女性を名指しで「あなたの道具は……」などと語ったという。セクシャル・ハラスメントという言葉がなかった当時ですら、強い顰蹙を買ったことは云うまでもありません。

とはいえ、「ホルモン的本能」とはよく云ったものです。まさしくケインズのアニマルスピリットですね。

　ただし、電力料金の値上げに見られるように、松永は事業の社会的使命に敏感でした。投機的な商売を辞めて、電気事業に参入したのも、企業経営は社会に貢献しなければならないという自覚からです。合併につぐ合併で事業を拡張していくやり方は、たしかに強引なものでしたが、その経営上の「ホルモン的本能」は、電化の推進、拡充という理念と表裏一体だったのです。

　松永安左衛門は、茶人としても知られていましたが、作法などは一切、頓着しませんでした。茶道の家元や宗匠の類を、完全に使用人扱いにしていて、茶会の下働きに頤使《いし》していました。とはいえ、松永の茶会はえもいわれぬ風格があり、点《た》てた茶はとても美味しかったといいます。

　美術のコレクションでも知られていて、その収集スタイルもまた、「ホルモン」丸出しでした。茶会で披露された板絵が欲しくて、抱えて走りだして強奪してしまったという一件をはじめとして、名品とみれば、あらゆる手段を講じて入手し、支払いに困って骨董屋を泣かすこともたびたびだったと云います。

　強引は、強引だけれど、非常に恬淡としていました。

国宝を数点含むコレクションは、生前に国立博物館に寄付しています。

十六歳で落籍せた妾には、家庭教師をつけて各地の旅行に伴い手塩にかけて磨きあげましたが、その母が料理店をはじめると、莫大な手切れ金をつけて実家に戻してやっています。娘がいた方が、繁盛するだろうという配慮からです。

私財を投じて、かの大部なトインビー『歴史の研究』を翻訳させ、刊行しました。

山本周五郎の背水

いまも書店にいけば、文庫の棚には山本周五郎の文庫がたくさんあります。現役当時の人気をここまで長期にわたって、維持している作家はなかなかいません。

長期間、読者の支持を得つづけた作家であるにもかかわらず、山本周五郎は、ほぼ生涯借家ずまいでした。別荘も、自動車も持たず、書画骨董を集めるわけでもない。少なくない原稿料、印税は、すべて呑んだり遊ぶことで蕩尽してしまいました。

周五郎によれば、原稿料や印税は、山本周五郎が、山本周五郎でありつづけるために、出版社、新聞社、何よりも読者がしてくれる投資であって、けして収入ではない。

だから作家が原稿料を貯金したり、それで家をたてたりすることは、金を「私」すること、つまり横領することだと解釈していました。

私のもらう原稿料というものは、これは収入ではなくして、ジャーナリズムが、私につぎの仕事をするために投資をしてくれているんだと思う。これは原稿料をもらった初めっからの気持であって、今でもその通り考えていますし、将来もおそらくそうでしょう。小説を書き、原稿料をとるということは、これは事業ではなくて、したがってはいってくる原稿料は収入ではありません。

（「金銭について」『雨のみちのく・独居のたのしみ』）

これは控えめに云ってもかなり過激な発言ですが、それは周五郎の作家としての自負と緊密に結びついています。

周五郎に私淑した木村久邇《くに》典《のり》は、こう書いています。

骨董をいじくるとか、大邸宅を構えるとか、いっさい関心がなかった。ただひたすらに散文の道にはげんで倦むことを知らないというふうであった。

山本さんの作品のほとんどは、これだけはどうしても訴えずにはおられないという生命の危機感がみなぎっており、作家の使命感に裏づけられたものである。まことに稀有な天成の小説家だったと思う。

（『人間 山本周五郎』）

枯れた技巧で知られた作家、永井龍男にたいして周五郎が、真剣にゴルフを止めるように忠告したというエピソードを、木村氏は紹介しています。「小説を志すものに、そんなことに費やす時間があるはずがない」と。

一方で、周五郎はあらゆる文学賞を辞退し――『日本婦道記』が直木賞の候補になりますが辞退、『樅ノ木は残った』が毎日出版文化賞に選ばれ辞退、『青べか物語』が、文藝春秋読者賞に選ばれ辞退――、読者の支持以外に、世間的な栄誉を求めませんでした。若き日、尾崎士郎率いる、馬込文士村の交際圏に居た時を除き――尾崎らとさかんに相撲をとっていたそうな――、文壇づきあいらしいものをした事はありませんでした。この馬込時代、すでに尾崎から、捻《ひね》くれているからと「曲軒」という仇名をつけられていたいます。本人、まんざらでもなかったようですが、後に「尾崎士郎から得たものは何一つない」と言い放っています。

当時、天龍一派による脱退騒動で、大相撲が危機に瀕していた時代で、馬込文士の相撲熱は相撲協会にとっては恰好の宣伝材料になり、場所ごとによい席が用意される。ところが、双葉山が登場して、相撲人気が再興すると、協会は文士たちを邪険にあつかい、うんと後方の席にしてしまう。それでも、飽きずに無銭で場所に通う尾崎を、周五郎は軽蔑しました。そうした無神経さ、鈍感さは、到底耐えられるものではなかったのです。

大作にかかる時には、親しい編集者、記者を料亭に招き、あり金を全部蕩尽してしまう。無一文、背水の陣に立って書くというわけです。

先に、原稿料は収入ではないという言葉を紹介しましたが、周五郎にとって作家というのは職業ではないのでしょう。

それはもっと高く厳しい、人間が携わる仕事のなかで、もっとも高く尊いもの、というような。

そういうような自負が、たしかに周五郎にはありました。

とはいえ、原稿料にはうるさかった。

ある程度、売れるようになると出版社、新聞社にたいして、原稿料をあげるよう執拗に要求しました。

原稿料というのは、何よりも単純かつ率直な、著者への評価だとすれば、周五郎ほどの自負をもつ著者が、より高い原稿料を望むことは当然の事でしょう。連載小説の執筆依頼があると、自分の前に書いていた作家より高い原稿料を要求する。

原稿料はすべて前借りする。一度、周五郎が博文館に遊びに行った時、社長がやけにそわそわしている。用談をすまして帰ろうとすると、慌てて社長が「今日はいかほどでしょうか」と訊ねたといいます。てっきり前借りに来たと思ったのですね。もちろん、周五郎は喜んで借りました。

編集者のより好みも厳しかった。

ある社だったら、誰それと決めてしまって、編集部を移ろうがどうしようが、その人間しか相手にしない。もちろん、一社で数人、お気に入りがいる場合もあるのですが、大新聞でお気に入りが一人しかいない、といった事になるとその担当者は、本来ならば自分のものではない仕事に駆けずり回らなければならない。

はじめて訪れた若い編集者に口頭試問をする。

とはいえ、ベテランよりも、若手が好きだったと云います。

それだけの負担を納得させるのも、作品の質があってこそでしょうが。

同時代の作家にたいして、強いライバル心を抱いていました。

吉川英治、長谷川伸、川口松太郎を敵視していました。直木賞候補を辞退した理由の一つは、吉川が、選考委員をやっていたという事もあるそうです。

一方で、葛西善蔵を尊敬し、牧野信一を評価し、太宰治と会おうとしていたとか。

アメリカ現代文学を愛し、ウィリアム・サロイヤンの『人間喜劇』を英語で読み、翻訳が出たら大量に買い込んで、来客に配った。いずれにしろ、文学に対する志はきわめて高く、話柄のほとんどは文学論、創作にかかわる話であったといいます。

私も、物書きのはしくれですが、ここまで創作にのめり込める作家はいないでしょう。しかも、そこまで没入しながら、多作であったのも凄い。多量の作品を書く作家というのは、バルザックでもいいし、ゾラでもいいのですけれど、政治活動とか出版社経営といった執筆以外の活動にたずさわっていて、そこからエネルギーを供給して書きまくるという人が多いのですが、山本周五郎のように、ほとんど書斎にこもっていて、外出は散歩と待合通いくらいという人が、これだけ書くのは珍しい。

自作が舞台にかけられたり、映画になってもほとんど見ない。親しい人はもちろん、恩人の葬式にすらいかない。

取材以外の旅にも行かない。そうして机に向かっている。

山本周五郎は、年を経るに従って、執筆時、酒をたしなむようになり、その酒量は晩年にかけて増えてゆきました。

執筆時に酒を呑むタイプの作家と、呑むと書けないタイプの作家がいます。

私は、酒呑みですが、書く時には呑みません。

呑むと書けなくなる。

書く時に呑む作家というのは、呑んで勢いをつけるという事もあるかもしれませんが、基本的には鋭敏にすぎる作家が多いような気がします。

神経や意識を少し、矯《た》めないと、書く事ができない。

評価の高まりと、殺到する原稿依頼の下で、自分自身をある程度、ごまかさないと書くことができなかったのかもしれません。

明治三十六年、山梨県大月市で生まれた山本周五郎は、四歳で山津波により生家が壊滅し、都内を転々とした後、横浜に移り小学校卒業後、銀座木挽町のきねや質店に務めました。この店の主人は、一円までは質草も利子もとらずに貸すという人物で、名作

『裏の木戸はあいている』は、この主人――その名は、山本周五郎といいましたが、自分にとって、作文を褒めて「小説家になれ」と云ってくれた先生と、この主人が二大恩人だと〝山本周五郎〟は云っています――に捧げられたものです。

質屋で働きながら、英語と簿記を学び、関東大震災の後に質店を辞めて、雑誌社に務め、大正十五年、『文藝春秋』に投稿した小説『須磨寺附近』が掲載されてデビューを果たしました。生活は安定せず、雑誌社を辞めて、少女小説を書く生活にはいり、二十九歳で『キング』に掲載されたユーモア小説『だだら団兵衛』で書き手としての地位を確立しました。まさしく独歩で自らを作りあげてきた作家といえるでしょう。

周五郎の作品には、ユーモアあり、ペーソスあり、人情があり、また卓抜なプロットと鮮烈なドラマトゥルギーが常に用意されている。人物造形は、周到なもので、個々の人物の抱える宿命と悲しみを、直接に読者に伝えてきます。

たしかに涙あり、笑いあり、人情の温かみはあるけれど、それだけの作家ではありません。

『樅ノ木は残った』『ながい坂』『青べか物語』『虚空遍歴』などの長編には、さまざまな要素が重層的に溶かし込まれていますが、その低層にあるのは、存外厳しい、絶望的なものなのではないか、とも思います。近代日本の小説家のなかで、ここまで深刻なものを書いた小説家はいなかったのではないでしょうか。

その深刻さを読者に届け、受け入れさせたところに、周五郎の凄みがある。

「全身小説家」だと云ってみたり、自分は筆一本で生きている、と云うような、聞いた風な事を云う物書きは沢山いますけれど、周五郎のように完全に書く事に没入し、余事を擲って、それだけに邁進した作家はそうはいない。その没入の強さ、深さは、人としての狭さを微塵も感じさせない、スケールの大きなものだったと思います。人物の大きさは、彼の作品の湛える悲しみや喜びのひろがりとして、いつでも感得することが出来る。

田中角栄の人知

田中角栄が福田赳夫を圧して、総理大臣になった時、私は小学校五年生でした。

その人気は凄まじく、新聞紙面は連日その動静を伝え、高等小学校しか出ずに、総理大臣となった政治家を、日本全国が歓迎しました。支持率は七十パーセント近かったと思います。

その英雄がわずか二年後、立花隆氏の暴いた、いわゆる金脈問題によって——それ以前から、物価上昇など経済政策での失敗から批判を浴びるようになってはいたのですが——すくなくともメディアの上では、もっとも憎むべき人間として攻撃されるのを見たのは、思春期にさしかかる少年には、かなり印象的な経験でした。

そして退陣後、ロッキード事件で逮捕されます。

前総理が逮捕されるのも衝撃的だったけれど、より複雑で不可解に思ったのは、スキャンダルで総理を辞職し、逮捕までされた政治家が、世間の風など関係なく、最高権力者でありつづけているということでした。

どうして、そういう「悪人」のところに、政治家や官僚、経済人が集うのか。

これは、中学生には、なかなかに理解できない事態です。

そういう問いに遭うという事は、少年期には貴重な経験である、と、今の私は思いますけれども。

そのような問いを、中学生にまで抱かせるという点が、田中の特異性であり、測りがたさを象徴していると思います。

たしかに、近代日本の政治には、世間の評判は最悪なのに、仲間からは強烈に慕われている、という存在が何人もいました。

犬養毅が暗殺された後に、政友会の総裁となった鈴木喜三郎などはそうでした。司法官僚の出身でしたが、選挙干渉が露骨で——戦前は警察などが選挙に干渉するのが通例でした——、金の集め方が強引だというので、新聞各紙から激しく攻撃されていました。しかし、人物はきわめてよく——検事時代も人情家だったといいます——、困っている仲間や傘下の人物の面倒をよく見るというので、強い支持を受けていました。五・一五事件がなければ、総理大臣になっていたでしょう。「腕の喜三郎」と仇名されて、とにかく手腕にかけては定評がありました。

けれども、身近と世間の評価のギャップという点からすれば、鈴木喜三郎と田中はかなり違う。その違いは、落差の大きさというよりは、むしろ質に関わるもののように考えられる。田中の権力の強さ、その権力を作りあげた手腕そのものが、必然的にその乖離を作りだしている、とでもいうような。

角栄に身近に接した人間、そのマジックを体験した者は、その力と鮮やかさに魅入られてしまい、そこから逃れられなくなる。

その右腕であり、「越山会の女王」と仇名された佐藤昭子は、出会って以来死ぬまで、毎年彼女の母の命日である二月二十三日には、田中は佐藤と二人きりで食事をしてくれたと語っています。自分を政調会長、大蔵大臣に任命してくれた池田勇人を多として、自分はもとより事務所の人間にも、暇があれば青山にある池田の墓を参るように指示していたとか。こうした義理がたさが、親しく接する人間に強い信頼感を醸成するという事は、納得できます。

昭和三十六年七月十八日（火）曇
党政調会長就任。今まで待った甲斐あり。以前から国対委員長（七役）の要請あるも断り続けてきた。

田中と共に党本部政調会長室に移る。昨日まで益谷秀次総務会長の実力秘書として有名な辻トシ子さんがいた。党三役の女性秘書は私が二人目。

田中が私に言った言葉。「女が出しゃばると叩かれるから気をつけろ。党の職員の面倒をよく見てやれ」

（佐藤昭子『決定版 私の田中角栄日記』）

「職員の面倒をよく見てやれ」という言葉に、なまなかではない人間知を感じますね。嫉妬され、疎まれる、有力議員の側近という立場の難しさ、そこにおいての地位の難しさを、よくよく解っている。同時に、佐藤が職員の面倒をよく見れば、それはまた田中にとっても大きな利益になるわけです。党の実務を取り仕切る職員たちは、政治家やその秘書から見れば、日陰の仕事でありますし、選挙で党が大敗すれば解雇されるという不安定な身の上でもある。そうした人たちを大切にする事が、どれだけの恩恵をもたらすかという事を知りぬいている。

田中角栄に長く秘書として仕えた早坂茂三は、田中という人物を、以下のように簡潔にまとめています。

約束したら実行する。できないことは最初から請け負わない。蛇のナマ殺しはやらない。面倒見と気くばりは天下一品。かゆいといえば十メートル先から飛んできて、かゆくないところまで丹念にかいてくれる。喧嘩上手だ。勝てると見れば、一気にケリをつける。根回し、談合の名人。かなわないと見れば光よりも速く逃げる。機関銃も腰を抜かすほど早口で雄弁。ただし、しゃべり出したらとまらない。酒は二升。酒席は明るい。浪花節、小唄、都々逸、なつメロ、何でもござれ。女にもてる。

（『田中角栄回想録』）

精力と能力の塊、というような風貌をよく伝えていると思いますが、しかしまた、この魅力は、ある範囲を超えて伝播していくことがない。だからこそ、早坂のような語り部が必要になってしまう。政治活動や選挙、各種の土木事業、許認可を通じて田中と付き合った人と、それ以外の人の間に、大きな紗幕がかかっている。

この辺りが、田中角栄という人間を考えるうえで、大事なポイントではないでしょうか。

半径一メートルでつきあった人には、絶大な影響を与え、太い絆が出来るのに、その外側にはなかなか届かない。

田中自身がなしたことは、なかなかに大きいものです。

よくも悪くも、日本の政治を官僚主導から政治主導に、東京優先から地方優先へと変えたこと、出稼ぎをしなくても、地元の土木事業で働けば冬が越せるようにしたのは、田中角栄です。

都市と地方の格差は、今でも小さくはありませんが、昭和三十年代までは凄まじかった。

田中は地方を重点に公共事業を行うことで――田中は、新潟のみならず、全国的に公共事業を展開しました――日本社会の相貌をかえたのです。庶民、下積みの人たちの感情、ルサンチマンを政治に持ち込んだことは、日本の政治、社会を変質させましたが、しかしまたそれによって社会が調和を増した事も事実なのです。

昨今と違い、それは必要な事業ばかりでしたし、経済効果は絶大だったと思います。そのおおきな変化、いみじくも田中が語った「列島改造」は、日本の歴史において画期的だった事は誰も否定できないでしょう。

たしかに、星亨、原敬の時代にも、政治家は、鉄道や港湾などを地方に建設する事を盛んに行っていました。けれども、田中の場合、高度成長下の日本経済を背景にしていたから、そのインパクトが違いました。その規模が余りに大きく、遍《あまね》きものであったために、現在でもその時に作られたシステムを壊す事が出来ず、日本の社会と経済を蝕んでいるほどです。

けれど、そこでの資金の動き等はともかくとして、田中の作りあげた政治の仕組みが、大きな意義のある業績を残したのは事実なのです。

にもかかわらず、彼が、その意を満たすことなく失脚し、刑事被告人という不名誉な名のもとに死なねばならなかったのはなぜなのか、という事は、よく考えてみる必要があるのではないでしょうか。半径一メートルより外に、その光輝を伝えることが出来なかったのはなぜなのか。

この問いは、日本人とは何かを考える上で、きわめて重要な問いのように思われます。

∴

一度顔を見ると忘れない。あらゆる地方の町、村の実力者や公共事業の伸展具合など、すべてが頭に入っていたといいますから、頭が良かったのは間違いない。

議員立法三十三本というのは、いまだに破られていない大記録です。政治家になった直後、「大学に入っていれば博士にでもなっていた」(「ある平凡な半生」『続・わが青春放浪記』)と書いていますが、あながちホラともいえないでしょう。

高等小学校を卒業して上京、十八歳で、社長になる。

その行動力、精力はあなどれないものであった事はこの一事を見てもよくわかります。けれど、いかにして田中角栄は田中角栄になったのか。

この問いは、なかなかに答えられない。当時、日本一の研究所であった理化学研究所で、長岡半太郎、仁科芳雄、武見太郎と接した事も大きいかもしれない。

満州で兵役を過ごした事、理研の仕事で朝鮮に渡っていた時敗戦を迎えた事などが、良い偶然であった事は間違いないでしょう。

とはいえ、こういう経験や素養は沢山の人間が経験し持ったことであって、それだけでは説明できない。

ただ、一つ云えることは、田中角栄が昭和戦後という時代、未曾有の敗戦の後に経済大国を作りあげた、バイタリティの代表であり、その本質を担った人物だという事でしょう。

あと五年、生まれるのが早くても、あるいは五年遅くても、田中角栄という人物は生まれなかった。

すでに若くして、戦前から事業をはじめていたことが、戦後の飛躍の鍵でしょう。

敗戦により、有力な実業家、政治家がパージされ、あるいは失脚したという大チャンスのなかで、政治に飛び込んだ事も、侮れない影響を及ぼしたと思います。

もちろん、立花隆氏が追及してこられたような、「錬金術」的な側面も重要でしょうが、かくも旺盛な人間が、いかにして生まれてきたのか、という問いに答えることは、あまり簡単ではありません。

当時の党人派の大御所、大野伴睦は、田中角栄を呼びだして、自分の派閥に入るよう、再三誘ったといいます。

岐阜から上京し、第一次護憲運動の騒擾事件で、群衆を挑発した廉で逮捕されたため、退学させられ、そのまま政友会の院外団に転がりこんだ大野は、文字通りの叩きあげで、自らの周囲も、地から這い出てきたような連中で固めていたのです。

ところが、同じく若い頃から苦労をしてきた田中は、大野の門を叩かない。吉田茂に擦り寄り、官僚上がりの政治家たちとつきあっている。

これが、大野には気に入らない。

一夕、田中を神楽坂の料亭に呼んで、どうしてお前は役人くずれとばかりつきあっているんだ、俺のところに来いと、口説いたといいます。

その時、角栄は、大先輩にたいして、「党人とつるんでも天下はとれない、役人を使ってはじめて天下に近づける」と云ったそうな。

もっとも、この証言は田中側のものしか残っていないから、真偽のほどは解らない。けれども、岸信介から「安保条約が批准されたら、総理の座を明け渡す」という証文を児玉誉士夫立ち会いのもとで貰い、信じて犬馬の労をとったあげく、「肥桶を床の間に置けるはずがないだろう」と一笑のもとに約束を反故にされた大野の末路を見れば、やはり角栄の処世は、新米議員の時からしっかりしていた、と云ってよいでしょう。

人の使い方も上手い。

佐藤昭子とか、早坂茂三という人は、言葉遣いは難しいですが、傍流の人ですね。その『日記』を読むとよく分かりますが、佐藤昭子という人は、非常に聡明な人です。両親や兄弟が次々と亡くなるという天涯孤独の身で、離婚を二度経験するなど、苦労を重ねてきた。それだけに、人間もしっかりしている。下積みの人の辛さ、悲しさがよく解っている。こういう人を重用するというところに凄みを感じます。

同じく、目白に住んでいた、山縣有朋は通じるところがありますね。

第三章　器量を大きくする五つの道

自分の器と直面したうえで、いかにして大きくしていくか、という事について考えてみましょう。

ここまで様々な先達を眺めてきましたが、器量を培う道、あるいは素地として、次の五つが挙げられると思います。

一、修行をする
二、山っ気をもつ
三、ゆっくり進む

四、何ももたない
五、身を捧げる

一つ、一つ、考えてみましょう。

一、修行をする

かつての薩摩のように、若者を厳しく鍛え、人材を養成するシステムが整備されていた地域、時代はいいのですが、今の世間ではそうもいきません。

学校教育から、修行というか、鍛錬という要素がなくなってしまいました。

私の長男が行っていた中学は一年の夏、海で三キロ泳ぐ遠泳が伝統的に通過儀礼となっていたのですが、長男の頃にはすでに希望者のみになり――彼は泳ぎました――、その後とり止めになりました。

プールでしか、泳いだことのない子供たちが、遠泳をするのはたしかに大変でしょうし、先生方にすれば、なにかあった時に問われる責任は重大なものでしょうから、止めてしまうのは仕方がない事だと思います。ですから一概に批判も出来ないけれど、やはり残念な気がします。

もちろん、運動部などに入れば、まだまだ鍛えられる機会はあるだろうし、そういう団体で上下関係などを体験する事も出来ると思いますが、それでも、修行、鍛錬といった要素はありません。

もっとも、修行というのは、本人の発意でするものですから、学校機関にはそぐわないのかもしれませんが。しかし、一時期までの学校教育が鍛錬をその課題としていた事は事実でした。もちろん、私のような文弱な人間などは、それで辛い目に遭うわけですが、それはそれで、別の生き方を考えさせられるわけで、意義のあることだと思います。

徳川幕府は、薩摩と異なり、包括的な人材育成を行ってきませんでした。

幕末近くなると、人材の登用は積極的に行うようになりますが、育てようという試みは、広くは行われませんでした。

やろうにも、人数が多すぎるし、予算もかかるのでやり様がなかったのでしょうが。

勝海舟は、みずから島田虎之助に弟子入りして、剣術の修行をしています。父親の小吉も、剣客でしたから、自然な成り行きだったのでしょう。

海舟は、島田の道場に住み込み、自ら薪水の労をとって修行しました。寒くなると島田の指示に従い、稽古着一枚で、向島の牛嶋神社に行き、石の上に座って沈思黙考をし、ついで木剣を振り、また石に座る。それを何度か繰り返して、朝稽古に間に合うように帰ったといいます。

まったく暗闇ですから、最初は怖くて仕方がなく、まさしく身の毛がよだつ思いだったとか。それが修行を積むごとに慣れてきて、いつかはその暗さに趣を感じるようになったといいます。

朋輩が何回か、付いてきたのですが、みな逃げ帰りました。ほとんど毎日、不眠で四年間修行したというのだから、たいしたものです。

さらに島田に云われて、牛島の弘福寺で、坐禅の修行をしました。はじめは、叩かれてひっくりかえっていたという事ですが、いつのまにか叩かれてもびくともしなくなった。

一たび勝たんとするに急なる、忽《たちま》ち頭熱し胸跳り、措置かへつて顚倒し、進退度を失するの患《うれい》を免れることは出来ない。もし或は遁《のが》れて防禦の位置に立たんと欲す、忽ち退縮の気を生じ来りて相手に乗ぜられる。事、大小となくこの規則に支配せられるのだ。

おれはこの人間精神上の作用を悟了して、いつもまづ勝敗の念を度外に置き、虚心坦懐、事変に処した。それで小にして刺客、乱暴人の厄を免れ、大にして瓦解前後の難局に処して、綽々《しやくしやく》として余地を有《たも》つた。これ畢竟、剣術と禅学の二道より得来つた賜《たまもの》であつた。

（『氷川清話』）

勝とうと思いこんでしまうと、知らずに気持ちが急いてしまい、頭に血が上り、動悸が高鳴り、処置を誤って動きがつかなくなってしまう。あるいは守勢に立たされると萎縮してしまい、相手のいいようにされてしまう。大きいことも小さい事も、すべて、この法則に従って起きるのだ、と海舟は云っています。だからこそ、勝ち負けを度外視して、虚心坦懐にしてきた。そのおかげで、何度も刺客に襲われたにもかかわらず、難にあわなかったし、大政奉還から江戸城引き渡しの難局も凌ぐ事が出来た、それもすべて剣術と坐禅のおかげだというのです。

今の時代、海舟と同じ事をやろうとしても出来ない、と一概にはいえません。比叡山には、酒井雄哉という方がいますが、酒井さんは千日回峰という厳しい修行を、二度行ったという人物です。この修行は大変厳しく、毎日、京都を囲む峰を一周するという荒行なのですが、願をかけた以上、中断するのは許されない。歩けなくなったら首を吊るための紐を携えて七年がかりで歩き続けるのです。

それを二回行った人は、千年を超える比叡山の歴史のなかで三人しかいないということです。今でも、志さえたてれば、それだけの事ができる。

酒井さんは、敗戦後に青春を過ごし、闇市で働いたり、奥さんが自殺したりという経験をへて比叡山に通い、四十歳で得度したという方です。一度、お目にかかった事がありますが、ひょうひょうとした、気のいいお爺さんのようでした。

千年のうちに三人しかいないような修行を積んだ人を目の当たりにする、その人がいと柔らかい温容をしている。

それは何とも不思議な、幸せな体験でした。

酒井さんの例は、きわめて特殊なものですが、昔は弁護士の試験に受かるまでは、外に出ないと云って、頭髪の半分を剃ってしまう、などという学生がよくいました。

そういう振る舞いが効果があるのかどうかは別として、ある処まで、自分を縛り、厳しくするという事は必要だと思いました。

学生の時、尊敬する先生に、毎日必ず四時間勉強すれば、立派な業績を残せると云われました。四時間ぐらい、と考えたのですが、実は毎日というのは、難しいのですね。雨が降ろうが、風が吹こうが、熱が出ようが、怪我しようが、出張しようが、旅に出ようが、必ず四時間やるというのは、かなり難しいことです。

学問の道は断念しましたが、物書きとしても出来るだけ机に向かい続けています。酒ばかり呑んでいてと云われるかもしれませんが、私はかなりの働き者です。とにかく、毎日書きます、書き続ける。原稿の量は、文芸評論家としては途轍もないものだと思います。質がそうでもないのは、悲しいことですが。

二、山っ気をもつ

十数年前のベストセラーに、『まず動く』という本がありました。

心理学者の多湖輝さんの著書でしたが、とりあえず何かやってみる。三日坊主でも、何でもいい、失敗してもいい。やっているうちに事態が動くのだ、というような内容で、人間愛に満ちた本でした。

とりあえずやってみる、というのはなかなか大事な事です。前に少し書きましたが、高橋是清という人は、生活ぶりも修まらないものでしたが、生き方もきわめてイレギュラーな、やや乱暴なものでした。

少年時代にアメリカに留学したのに、奴隷として売りとばされたり、帰国後、大学南校（東大の前身ですね）の教員になったのに、吉原通いが昂じて借金で首がまわらなくなって辞職せざるを得なくなったり。相場師になり、ペルーに渡り銀山を開発しようとして無一文になったり。

まあ、出鱈目といえば、出鱈目なのですが、とにかく落ち着きがなくいろんな事をやっている。それでも、再起不能にならなかったのは、根が楽天家で、しかも人がよかったからでしょうね。

財政というのは、これぐらい世間を知っている人がやった方がいいのかも知れません。

その高橋が、大学南校を辞めて、教頭のフルベッキの家に居候していた時の話。

枢密顧問官の佐々木高行の令嬢が、毎日、フルベッキの娘のところに英語の勉強に来ていました。そのお伴をしてくる青年がいかにも好ましい。

それで、お嬢さんが、授業をしている間に、英語を教えてやろうか、と声をかけた。そのかわり自分は漢学が出来ないから、君が漢学を教えてくれ給え。

青年は喜んでその申し出に乗り、待ち時間に漢学と英語の相互講義がはじまりました。

ある日、その青年が喜色満面で訪れて云うには、師範学校に受かったという。

師範学校は、授業、寄宿舎料はすべて官費ですから、経済力のない学生にとっては、理想の学校だったのです。

ところが、是清は許さない。

師範学校を出て、一生教員をするつもりか、と。そんな人生はつまらないじゃないか、第一、まったく儲からんぞと、脅した。

自分は、何の係累もないから、師範学校で充分だという青年を説きふせて、フルベッキの所に毎日来る英字新聞から、めぼしい記事を訳して新聞に売り込もうといいだした。

当時の新聞には、外報記事などは一切、なかったのです。

東京日日新聞が買ってくれる事になって、高橋が翻訳を読みあげ、青年が原稿にする。

そのうち、福地桜痴が、東京日日新聞の主筆になった。福地は、一時は福沢諭吉と並び称された言論人です。歌舞伎座を作った人ですね。この福地が、大変青年を引き立ててくれた。それをきっかけに彼は大出世をしたのです。後の逓信大臣、枢密顧問官にして、伊藤博文の女婿、末松謙澄です。日露戦争の時は、英国で日本の大義をその朝野に訴える大活躍をしました。同時期に、高橋是清もロンドンで外債の募集に奔走しています。

是清の面白いのは、末松こそが自分の恩人だといっている事です。どうしたって、英語を教え、師範学校への進学を止めた是清の方が、恩人なのに、まったくそう思っていない。いい人です。

是清の親切と、山っ気が、末松謙澄という人物を作ったわけですね。末松が、いかにも気持ちのいい青年だ、と見る感受性、人物観も大事だったと思いますけれど。いずれにしろ、稼いでやろう、儲けてやろうと動きまわるのは、よいことです。

三、ゆっくり進む

『忘れられた日本人』で知られる宮本常一《つねいち》は、とにかく歩きまわった人でした。

郵便局員、小学校教師と職を転々とし、篤農協会やアチックミューゼアムと関わりながら民俗学、漁業、農業、離島などの調査に携わった人です。生涯にわたって自分の足で調査をつづけ、宮本を見いだした渋沢敬三――渋沢栄一の孫です――が「日本列島の白地図の上に、宮本くんの足跡を赤インクでたらすと、列島は真っ赤になる」と語ったほど歩きまわった人でした。

すでに鉄道が全国を覆っていた時代に、どうしてそれほど歩きまわる事ができたのか。できた、というよりしてしまったのでしょうか。その点について宮本自身はこう語っています。

私自身にとって歩くというのはどういうことだったのか。歩くことが好きだったのである。歩いていていろいろのものを見、いろいろのことを考える。喉がかわくと流れの水を飲み、腹がへると木の実やたべられる植物をとってたべた。人にあえば挨拶をした。そのまま通りすぎる人もあるが、たいてい五分なり十分なり立ち話をしていく。それがたのしかった。その話というのはごくありふれた世間話であった。要するに人にあい話をすることが好きだったのだろう。同時にまた人の営みを見るのが好きだった。（中略）人はよく山地を自然だというけれど、人の手の加わらない山地は和泉地方にはほとんどなかった。そしてそこには自分たちの生活に役立つ木を植えていたのだが、どんな生活に役立てたのであろう。木を見あげながら小半時も考えてみることがあった。

（『民俗学の旅』）

自分の足で歩いていくことは、人と出会う事であり、考える事、見つける事だと宮本は云っています。歩き、考えることが好きだったとも。誰もが文明の力を借りて、高速で移動している時代に、自分の足をつかって移動することは、その分、丁寧に物を考え、発見するということになるのです。宮本の父親は、つねづね「先をいそぐことはない、あとからゆっくりついていけ、それでも人の見のこしたことは多く、やらねばならぬ仕事が一番多い」と、語っていたそうです。

急がないこと、自分のペースで生きていくというのは、なかなか難しい。

今はとくにそうですね。真面目な人ほど、焦ってしまう。急がざるをえない。けれども、急ぐということは、それだけ考えないということであり、見ないということでもある。その事になかなか、人は気づかない。

宮本常一は、肺を患っていて体調が万全ではなく、若い頃はたびたび故郷での療養を余儀なくされています。それもあってゆっくり生きていく、丁寧に生きることをせざるを得なかった。

けれども、そういう生き方をしたからこそ、他人よりも、一分、一秒でも早くたどりつこうと競争している人には見つけることが出来ない事象を発見し、メディアがつかまえる事の出来ない人と出会ったのです。

宮本の『忘れられた日本人』は、岩波文庫のなかでも、指折りのベストセラーで、アンケートでも夏目漱石の『こころ』と並ぶ人気を誇っているそうですが、この本はみんな彼が自分で歩いて、出会った老人たちから聞いた話です。一口に庶民と云い、古老というけれど、一人一人が小説よりもよほどドラマチックな人生を送っている。それを聞き取り、丁寧に文章として定着させることで、文豪の傑作と比肩するような作品を残すことが出来たのです。

歩くことは、大変だけれど、元手はそんなにかからない。別に遠くまでいかなくてもいい。宮本常一の父親が教えたように、急いで先へ先へと進んでゆく人たちが見逃してしまうものを見つける、見て考える。

もちろん、誰もが急いでいる時代に、ゆっくりする事は難しい。

それでも、我慢してゆっくりしていれば、誰も気づかないものが見えてくる。

ゆったり生きることで、自分なりの風格を身につける事ができる。

大事なのは、ゆっくり生きるのは、生きるなりの知恵がいるという事です。

宮本常一を、著者として売り出した平凡社の編集者、谷川健一は、初対面の宮本が炭焼小五郎のような姿で現れたので吃驚したといいます。「炭焼小五郎」は、柳田國男が注目した、日本中に伝承している黄金伝説の登場人物ですが、宮本は和服の生地を黒く染め直して仕立てた洋服に布靴、イガグリ頭に登山帽、蝙蝠傘をしばりつけたリュックサックという姿でした。

これは、やはり、ある種の演出なわけですね。

民話の世界から出てきた人物として自分を、造りあげている。

もちろん、その演出が説得力を持つのは、宮本が自分の足で日本中を歩き回ったからですけれど。

ゆっくり進むというのは、一人で進むという事です。孤立することです。孤立した人間ほど、世間とのつきあい方を考えなければならない。冷静に自分を認識し、世間との距離を精確に見極めなければならないのです。

四、何ももたない

松下幸之助といえば、「経営の神様」という事になるのでしょうか。神様かどうかは分かりませんが、とてつもない人だったのは、たしかです。

幸之助という人は、何も持っていない人だった。

まったくない。

まず、金がない。

父親が、米相場で失敗して無一文になってしまった。

一家は離散し、両親、兄弟を早くになくしています。

親譲りの財産も、自分のたくわえもない、まったくの無一文。

だからゼロから事業をはじめなければならなかった。

それがよかったのですね。元手なんてものがないから、手堅い上にも手堅くやらなければならない。自分のために保証人になってくれる人なんていない。そういう厳しい環境で事業をはじめた。

自宅の土間で、ソケットを作るところから、事業をはじめた。事務所を構えたり、宣伝をしたりというような事は一切しない。今いるところで、元手なしで出来る。そこからはじめたから強かったのです。

学がなかった。

小学校に、三年行ったか行かないかで、大阪に丁稚に出ました。

後に、電気会社の職員になり、頭角を現します。手際がいいし、人当たりも抜群だった。

職員から技師になろうと、夜学に通うが、うまく行かない。

だいたいの理屈は解るけれど、字が読めないんですね。

何度も中退しては入りなおしているけれど、やっぱり駄目。

学がない、知識がないから、自分の頭で考えなければならない。

事業が軌道に乗った後、取引先の人に天理に誘われた。信者だったのですね。

当時、天理教では、本部の新築が進められていて、全国から信者が集まり、工事に参加していました。

その光景を見て、幸之助は不思議に思いました。

自分の工場では、給料を払っているのに工員はみんな暗い顔をして働いている。天理は無償奉仕なのに、こんなに嬉しそうだ、何故だろう、と。

この疑問は、面白いですね。非常に独特です。

なまはんかな知識があると、こういう疑問はもてない。

考えたあげく、あの人たちは信仰のために、理想のために働いているから、嬉しそうなんだ、稼ぐため、金のために働くのは喜びではない、と気づく。

それで、幸之助は、「水道哲学」という理念を思いつくわけですね。水道の水のように、安くふんだんに使える電気製品を作れば、世界中の人が幸せになる。松下電器は、その理念のために努力しているのだ、と。それから半世紀以上たち、幸之助が掲げた理念は、ほぼ実現したわけです。

健康もなかった。

栄養状態もよくなかったからでしょう。幸之助は二十代のなかばに肺を患い、敗戦後、抗生物質が輸入されるまで、治りませんでした。

容体の変化はあるのですが、酷い時には、一年ぐらい病臥している。

そうすると、経営の前線にたてない。

どうしても、人に任せざるをえない。任せると人が育つのですね。いい番頭を何人ももつことが出来て、これが松下電器飛躍のバックボーンになった。

金がない、学がない、健康もない。

絶望的な状況です。

そのマイナスの重なりを、全部プラスにしたのです。

何もなくても、人は生きていける、成功できるということを示してくれたこと。これが松下幸之助のなした一番、素晴らしいことだと思います。

五、身を捧げる

先の大戦はわが国の大敗に終わり、その結末に至るまでに陸、海の軍人が為したことは、批判を浴び続けています。けれどもまた、尊敬すべき人物がいたことも、事実でした。先年、『硫黄島からの手紙』で注目を集めた栗林忠道、ノモンハンやインパールといった敗北にも、自らの戦線を守り、部下を守りぬいた宮崎繁三郎、軍部独裁を批判し続けた石原莞爾など、尊敬、注目に値する人はいました。そのなかでも今村均大将は、もっとも高潔な人物と云えるでしょう。

私は、今村がいてくれて良かった、こういう人がいてくれるおかげで、日本人の尊厳が守られたのだ、と時に泣きたい気持ちになる事があります。

先の大戦でジャワ島攻略作戦、ラバウル防衛作戦に従事した今村は、戦後、オランダ、オーストラリア両国の軍事裁判にかけられました。オランダからの訴追は無罪になりましたが、オーストラリアの法廷は、十年の禁固刑とし、今村は東京の巣鴨プリズンに送られます。

巣鴨に収容された今村は、マッカーサーに直訴をしました。

直訴と云っても、無罪を訴えたり、待遇の不満を申し立てたのではありません。まったく逆です。

今村は、自分の部下たちが、マヌス島（現パプア・ニューギニア）の戦犯収容所で苦労しているのに、自分だけ日本にいる事はできない。どうか、自分をマヌス島で服役させて欲しいと云ったのです。

さすがのマッカーサーも感動して、今村の希望を聞き入れました。

それから今村は三年半にわたってマヌス島で服役したのです。

同島には、現地人虐待などの罪に問われて、死刑の判決を受けた兵士もたくさんいました。

戦後の軍事裁判が概して、まともな証拠、証言もないままに復讐的な刑罰を科したことは、よく知られていることです。

覚えのない罪で死なねばならない部下たちに、今村は寄り添い、ともに苦しみ、ついには自殺を試みました。

自殺は、毒を呑んだうえに、首を切るという周到なものですが、死ぬ事は出来ず、この事を今村はずっと恥じていました。

昭和二十八年、マヌス島の収容所が閉鎖されたのに伴い、今村は残りの受刑者とともに日本に送られ、巣鴨で残りの刑期を過ごしました。

この時期、すでに朝鮮戦争が終わっており、アメリカ軍の戦犯にたいする姿勢は柔軟になり、外出も許されるようになっていたのですが、今村は刑務所から一歩も出ませんでした。

昭和二十九年十一月十五日、今村は釈放され、世田谷の自宅に戻りました。

けれど、自宅の門を潜らなかったのです。

釈放以前から、妻に命じて作らせておいた三畳の小屋に入り、終生そこで暮らしました。

そこまで、自分を罰し続けた今村は、軍人として無能だったのでしょうか。

まったくそうではありません。

ジャワ島攻略作戦に際しては、九日間で十万余の、イギリス、オランダ連合軍を敗北に追い込んでいます。

さらに軍政も立派でした。

将来の独立を見越して、オランダに囚われていたスカルノなど独立運動指導者を釈放し、現地政府の重職に起用することで、統治経験を積ませています。今村時代のジャワはきわめて安定していて、現地民と軍の関係も良好でした。

後に、今村が戦犯として逮捕された時、スカルノらが救出作戦をたてたほどです。

この作戦は今村の謝絶により、中止になりました。

ラバウルでは、早晩、本土との連絡が途絶えることを見越して、食料の自給自足体制を作り、全島に畑を作るとともに、アメリカ軍の爆撃に対抗するために地下要塞を建築しています。

そのためラバウル島部隊は、終戦まで飢餓に陥らず、十一万余の将兵が無事に帰国できたのです。

今村は、前線司令官としても卓越していました。

にもかかわらず、今村は、戦後自らを幽閉するようにして暮らし、執筆や講演による印税などは、すべて戦犯の遺族たちに寄付しました。

その廉直さ、気高さは、類のないものであり、また今日の私たちを励まし、勇気づけるものです。

わざわざニューギニアで服役し、戦後も自らを罰しつづけた今村の存在は、日本人の誇りとすべきものではないでしょうか。

今村は、中学校から士官学校に入りました。

本当は高等学校に行きたかったのですが、裁判官だった父親が急死して、学費が捻出できなかったのです。

通常、幼年学校から士官学校に進むのが、エリート・コースとされます。けれどもまた、中学出身者は、幼年学校の出身者よりも世間を知っていて、優れた指揮官が多いとされています。硫黄島の栗林も中学出身でした。

主流のドイツ語ではなく、英語を学んだため、イギリスやインドなど英語圏で駐在武官生活を送り、イギリス人、アメリカ人の友人が多くいました。陸軍軍人には珍しい、国際派と云うことが出来るでしょう。

今村は、酷い夜尿症で、睡眠時間がよく取れず授業中、居眠りばかりしていたといいますが、成績はいつも一番でした。陸軍大学校でも首席で恩賜の軍刀を得ています。同期の東條英機は十一位でした。

後の戦犯裁判では、日本の将軍が法廷で居眠りをすると、日本の威信に関わるというので、唐辛子を口に含んだり、短刀で足を突いたりしながら、必死で眠らないようにしたといいます。

ほどです。

けれども、それはやはり生者が死を受容するためのものであって、死者にとってはどうでもいい事なのです。死者は、動かず、語らず、考えず、感じない。

死者とは、そういう存在なのです。

その、どうしようもない死を、誰もが体験する。死だけは、平等に、誰にでも到来するのです。

死んで動かなくなれば、すべて終わり。

その終わりにむかって、その道程の長短はあれど誰もが歩いている。であるとすれば、その道程を出来るだけ充実させるように励み、試み、考えるしかありません。動けなくなるその時を、死を、見苦しくなく、なるべく思い残すことなく、迎えるために。

そのために、器量を育てる、大きくする事が必要なのです。

死を前にした時、いくらお金があっても仕方がない。高級車も豪邸も意味はない。栄誉も経歴も、何の役にもたたない。

見苦しくなく死ぬためには、人間としての容量を大きくするしかないのです。

子供の頃、私は「死」が怖かった。今でも怖いといえば、怖いのですけれど、子供の頃のようには怖くない。

死ぬという事、今、「死」について思い巡らしているこの「自分」が、存在しなくなるのだ、と考えると腹の底から黒い煙が湧いてくるようで思わず口を押さえてしまいました。「今、死を考えている自分がいなくなる」という想念が一度、頭に浮かぶと絶望感と倦怠感がないまぜになって、何をやろうという気力もなくなってしまう。何があっても楽しくない。

今、考えてみれば、幼年でこういう想念に囚われるというのは、贅沢な話です。父母は、戦後空腹を抱えて育った世代ですし、今でも、とにかく今日一日、生き抜く事で懸命な子供たちは内外沢山いるでしょう。

とはいえ、死についての想念は、私にとって決定的なものでした。

本を大量に読む子供になったのも、面白い本を読んでいる間は、死を忘れる事が出来たからです。そのうちに、面白い本を書くとは、何て素敵な仕事だろう、と思うようになり、小学校の二年生の頃には、物書きになるのだ、と決めていました。念願かなって、物書きになれたのは誠に幸福な事でした。面白い本が書けたか、どうかは読者の皆様の判断に委ねるしかないのですが。そう考えると、子供の頃、死の想念に直面していた事は、良かったのかもしれません。

これは、あんまり褒められた話ではありませんが、中学生くらいから、酒を呑みはじめたのも、死の想念と直面することから逃れるためでした。今は、そんなに死について考えていないけれど、それでも大量に酒を呑むのは、なぜなのかは解りません。

死の恐怖を克服したのは、克服というよりもあまり考えなくなったのは、高校生の頃からでしょうか。

何がきっかけだったかというと、恋愛ですね。人を好きになること、好きな人と一緒にいるという事が、とりあえず自分の死を恐れるという事から、私を遠ざけてくれました。自分が死ぬという事よりも、その人が死ぬ事の方を恐れるようになる。あそこに連れて行ってあげたい、あれを食べさせてあげたい。たいした力はないけれど、その人の希望を叶えてあげたい、その助力だけでもさせて貰いたい。

死を恐れる、自分の存在がなくなるのを怖がる、というのは、結局、自分の事しか考えていないからこそ湧いてくる想念なのですね。当時は、そういう分析が出来た訳ではないけれど、そういう事だったのだと思います。

何回か、恋愛をした後に、今の家内と結婚し、すぐに子供が出来ました。子供が出来るという事は、背負う物が増えるという事ですが、同時に委ねる事が増えるという事でもあります。赤ん坊の時から、子供は多くの人の手にかかり、世話になる。産婦人科医にはじまり、親族はもちろん、ベビーシッター、幼稚園の先生、ピアノの先生、近所の年長の子供、いろんな人の手を煩わせて、子供は育っていく。学校に通う、バスだって、電車だって、運転手さんや整備の方がいらして、はじめて安全に動くわけです。

そう考えると、子供が幼稚園に、学校に行って、無事に帰ってくるだけで、奇跡のように思われる。実際、それはわが国に、先人たちの蓄積と今日汗を流しておられる人のおかげで安定した社会秩序が存在しているからです。この世には、親が登下校を一緒にしないと、掠われてしまうような国や地域が沢山あります。自分の死などでくよくよするよりも、子供が一人で出掛けても安心な世の中を作る、支える事の方が、何千倍も、何万倍も貴重で立派な仕事です。

そう考えると、物を書こうという意欲が沸々とたぎってきました。

まともな人なら、警察官か自衛隊に入ろうと考えるのでしょうが、さすがに己を知っているから、そういう仕事がつとまらないくらいの事は解ります。

日本人が当たり前だと思っている、その日本がどれほどかけがえのないものか、先人を称え、学ぶとともに、今の日本を支えてくださる人たちを鼓舞し、勇気づけたい、と。そういう意味では、私は、子供に物書きにしてもらったようなものです。

とても子煩悩とはいえないし、マイホーム・パパのまったく逆で、ホームレス・パパといわれる有様ですけれど、子供から実にいろんなものを貰いました。

一例だけ挙げれば、子供をもつというのは親になることです。当たり前の話だけれど、これは実に驚くべきことで、親になると自分の親の事が分ってくる。あの時、親父は辛かったんだな、とか、母はこういう事を心配してくれていたんだな、とか。育っていく子供と共にいる事は、人生をもう一度生き直す事に等しい。

こういう御時世ですから、あまり大声で云ったり、高圧的な調子を帯びると不味いので気を遣いながらですが、学生さんたちには、子供は作った方がいいよ、と云います。別に少子化対策のためではありません。人生が格段に豊かになるからです。経済的理由で、出産を断念するとか、第二子を諦めるというような新聞記事を読むと、大人として情けなく、若い人に申し訳なくなります。

物書きとして仕事をはじめると、当たり前ですが、いろんな人の世話になる。編集者はもちろん、印刷所の人たち、取次の方々、書店員のみなさんなどのおかげで、本が、読者の手に届く。もちろん、読者の皆様も、私の仕事を支えてくださっている。

駆け出しの頃は無我夢中でしたが、月日がたつと、それなりの責任感が生まれてきます。編集者に教えを受けるばかりだったのが、若い編集者に（悪い事も含めて）いろいろと教える。若い書き手にたいしては、もちろんです。そして、自分のいる場所、文壇なり出版界なり言論界を、利用するだけでなく支えなければという心持ちが、出てきます。坪内祐三さんやリリー・フランキーさん、柳美里さんに声をかけて、『en-taxi』という文芸誌を出したのも、そういう義務感からでした。

これは不思議なものですが、仕事を旺盛にしている人は、必ずそういう自覚を持ちます。逆にいえば、そういう自覚なり意識なりを持たない人は、一時期、もて囃されても、長くは活躍できません。

大学の教員になれたのは、江藤淳先生の強い推薦があっての事でした。その時は、よく解らなかったけれど、今は、本当に、心の底から感謝しています。

私は学校という場所が苦手でした。

だいたい、椅子に座っているのが苦痛で小学一年生の時は、すぐに立ったり、歩いたりする。今なら多動症とやらと診断されて、治療を受けさせられているかもしれません。

そのうえ、人の話を長く聞けない。すぐに飽きてしまう。小学校の四年生ぐらいから、授業中もずっと本を読んでいました。中学もその調子で、友達はいたけれど、学校という空間にはなじめない。通信簿には毎学期「協調性に欠ける」と書いてある。集団行動は、からきし駄目です。高校は、ホームルームすらない超放任だったので、さぼりにさぼって映画をみまくり、本を読み漁りました。高校時代の「さぼり」が、物書きになる素地を作ってくれたという部分があります。

いずれにしろ、学校という場所は苦手で、大学では多少勉強したものの、大学院に行ったのに、博士課程に進めなかったのですから、やはり学校はあまり向いていないのだなあ、と思います。実際、学者になって学会発表をするなどという事が、自分に出来たのかどうかを、今、考えるとゾッとします。

そんな私が、江藤先生の推挽で教員になったわけですから、身構えたのは当然の事でしょう。

でも、なってみると良かったのですね。教員である事が、とても楽しかった。今に至るまで、とても幸せです。

学生さんたちは、良いです。もちろん困った人もいるけれど、そういう人は、どんな時代、どんな場所にもいるものです。総じて、人間として成熟しているし、人を思い遣る事の出来る、熱心な学生さんばかりです。かつての自分が恥かしいほど、いい学生さんに恵まれてきました。

正直に云うと、はじめの頃は失敗もしました。経験がないからでしょう。ちょっといいな、と思う学生さんに入れ込みすぎてしまう。褒めすぎたり、手かずをかけすぎてしまう事がありました。この辺の案配がなかなか難しいのですが、これはやはり経験を積まないと解らない。でも、本当に優れていて、褒めたくて仕方がないような学生さんに沢山恵まれました。

優秀な人が伸びるのは、嬉しいものですが、あんまりパッとしない学生さんが、ちょっと良くなるというのは、もっと嬉しいものです。その事も、学生さんから教えてもらった。

毎年、十数人の卒業生を出して、もう十年以上になります。上手く行っている人もあれば、運が向かない人もいる。いい話を聞けば嬉しいし、困っているというと胸がふたぐ。いい資質をもっているのに、不当な扱いをされている卒業生の話を聞くと憤る。私は敬神家にはほど遠い人間だけれど、神社にいけば柏手を叩き、卒業生諸君の幸運を祈ります。

物書き仕事の仲間や、学生さんたちの事で、一喜一憂する。その幅、その範囲が私の器量だという事になるのでしょう。

結局、気にかける人、心を配る人の量が、その人の器量なのだと思います。自分の事しか考えられない人は、いくら権力があり、富があっても器はないに等しい。死を前にして最後の最後まで未練にすがりつかなければならない。

長期にわたって慶應義塾塾長をつとめた石川忠雄先生は、塾長時代「嬉しいのは、塾員が活躍したという報せがあった時、悲しいのは、塾員に不幸や不祥事があった時」とおっしゃっていた。長く塾長を務めるというのは、それだけ多くの人にたいして心を働かせることなのだと思います。

天皇陛下は、全日本国民だけでなく、世界中の人々の弥栄《いやさか》を毎日、お祈りになられている。

私は、何度生まれ変われたとしても石川先生の境地の足下にも及ばないと思いますが、一緒に汗を流した仲間たちと、共に学んだ学生さんたちの幸運を祈りながら、最期を迎えられるように、せいぜい精進したいと思っています。

器量人十傑

さて、本来本書で取り上げた人物は、それぞれ、その生涯を記せば大部の著となるような人ばかりです。それをざっと駆け足で眺めてきたわけですから、乱暴と言えば乱暴な話です。しかし、乱暴ついでに本書を締めくくるにあたり、【明治】【大正・昭和戦前】【戦後から今日まで】のそれぞれの大きい人物十人を挙げてみたいと思います。いずれの人物についても伝記などがあるので、興味を持たれた方は、ぜひ、そうした本でより深く知っていただきたい。

なお、本文で詳しく取り上げた人物については、解説を省きます。

【明治】

①西郷隆盛（七一頁）

②伊藤博文（八四頁）

③勝海舟（一三八頁）

④大久保利通

云わずとしれた、明治国家の建設者。策を弄して主君に取り入り、倒幕のためにありとあらゆる陰謀をめぐらし、政権奪取とともに、中央集権国家を作りだした。

大久保は、徹底した政治家でした。ある目的を実現するためには、手段を選ばない。手管を尽くして、目標にせまっていく。

その一方で、自分なりの政策のようなものはない。

政策は、他人から訊いて、よいと思ったものを実行するのです。

政治を志す人というのは、誰でも自分なりの経綸、抱負というものを育んでいるものですが、大久保にはそれがない。

ここが凄いところです。

とにかく権力を握る。権力を有効に使い切る。その一点のみにすべての神経を注いでいるのです。

この割り切りは、なかなか出来るものではありません。

近代日本の政治家では、大久保だけではないでしょうか。

⑤横井小楠（七九頁）

⑥渋沢栄一

もともとは深谷の豪農の出ですね、渋沢は。若い時には、徹底した攘夷主義者で、横浜の外国人居留地の襲撃を計画したこともあったという。

徳川慶喜の知遇を得て、幕末にその弟のパリ万博使節団に参加し、ヨーロッパ経済の実態に触れた経験が、実業家としての大成をもたらす機縁となりました。

といっても、渋沢は薄っぺらな外国かぶれにならなかった。

後に論語の解説書を執筆した事が示しているように、渋沢にとって経済とは、儒教道徳を実現するための手段にすぎなかったのです。

第一国立銀行の設立をはじめとして、王子製紙、富岡製糸場、日本鉄道など、百数十と云われる会社を設立しました。

商工会議所の前身である東京商法会議所を設立して、企業人の親睦、切磋琢磨を促してもいます。

逸話を一つ。

原敬が内務大臣をやっていた時の事です。

ある議員が、面会に訪れると、沢山の人が待っている。自分は議員だからと順番を飛び越して入ろうとすると、列の後ろの方に、ちょこなんと渋沢栄一が座っている。

本当だったら、渋沢は原にとっても大先輩なのですから、大手をふって入っていけそうなものなのですが、それをけしてしない。

代議士は大いに恥じたというのですが、こういうところにも渋沢の、実業家という枠には収まらない、人間としての高貴さが出ています。

⑦山縣有朋

山縣という人は、けして評判のいい人ではないけれど、人事が天才的に上手かった。

人事の才により、軍と官界に君臨したといっていいくらいです。

山縣は、埋もれた人材を見つけだすのに巧みでした。

たとえば、西周《あまね》です。森鷗外の縁戚であり、後見人ですね。

フィロソフィを「哲学」と訳した人としての方が知られているでしょうか。

西は幕末にオランダに留学して、法学を修めたのですが、維新後帰国してみると、法律はフランスとドイツから導入することになって、宙に浮いてしまった。

せっかく学問を修めたのに、生かすことが出来ない。

ところが山縣は、西に目をつけて陸軍刑法を作らせた。

オランダは、国際法の本場ですからね、交戦規定などはお手の物です。

西が整備した法体系のおかげで日本陸軍は、日清、日露の戦いで、国際法に沿った戦闘を展開し、国際的にも高い評価を得たのです。

あるいは、有坂成章《なりあきら》。

この人は、火砲の専門家なのですが、留学できずにフランス人技術者の通訳ばかりさせられていた。

その人物を抜擢して大砲の専門家に仕立てあげたのも、山縣です。

有坂は、日露戦争の難局、旅順をめぐる攻防で、二十八センチ砲の移送を提案して、その勝利に大きな貢献をしました。

埼玉で、下級官吏をしていた、清浦奎吾を見出し、総理にまでなった官僚政治家に育てたのもまた、山縣です。

⑧桂太郎

山縣有朋の部下、手下として苦労した人です。

ついた仇名は、「ニコポン」。

いつも、ニコニコしていて、気軽に相手の肩をポンと叩く。

親方がいつも苦虫をかみつぶしたような顔をしていたので、子分としては、ニコニコせざるを得なかったのでしょうが。

とにかく敵を作らないというのは立派ですね。

それでも、総理として日露戦争を取り仕切った。

明治天皇の崩御後、内大臣として大正天皇を補佐しました。

桂は、総理大臣の時、執務室に「韓信の股くぐり」の図を懸けていたといいます。

これはこれで、凄みのある話ですね。

頭はいくらでも下げます。どんな屈辱でも受け入れます、という事でしょう。

政治家としては、一つの完成形だと思いますね。

面子なんてどうでもいい。どんな辱めを受けようと、目的を達成するのが政治家なのだ、ということでしょう。

⑨大隈重信（二八頁）

⑩徳富蘇峰

今は、徳富蘇峰と云っても、読者はあまりいないかもしれませんが、明治、大正、昭和の三代にわたって、絶大な影響をおよぼした著述家です。

蘇峰は、横井小楠の弟子筋にあたるのですが、そのせいかどうか、ジャーナリストとしての立場はブレまくっています。

当初は、キリスト教の理想を掲げる新世代として現れ、ついで藩閥政府と癒着し、国権主義者となり、満州国皇帝溥儀の師父となり、敗戦後は軍閥批判の論陣をはる。

節操の側面から見れば、何とも困った存在なのですが、常に第一線に居続けて影響力を持ちつづけたのは立派です。

著述家で、後に政党政治家になった小泉三申――この人は保守政治家なのに幸徳秋水の友人で、その処刑後も家族の面倒を見た奇特な人です――が、徳富蘇峰をはじめて訪問した時の話です。

言論人としての格は、蘇峰を横綱とすれば、小泉は十両にもなるかならないか、という存在。その小泉にたいして、丁寧に応対するのはもちろん、その著書を褒めちぎる。さすがに小泉は、「御冗談を」と、まともに取りあわなかったのですが、そうすると蘇峰が書庫から小泉の著書を取り出してきた。

付箋がびっしり、貼られていたのを見て、小泉は感涙にむせんだといいます。

私などは、人が悪いから、ただ貼っただけで、読んでいないんじゃないか、等と疑ってしまうのですけれど。

しかし、長く現役でいるには、これくらいの人誑《ひとたら》しの技はもっていないといけないのかもしれません。

【大正・昭和戦前】

①原敬（九九頁）

②高橋是清（一四三頁）

③菊池寛

作家にして、『文藝春秋』の創始者。

凄まじい俗物ですね。高邁な理想なんて一切信じない。

文名なんてものは、どうでもいいと思っている。

知人が生活に困っていると、平気で自分の名前を貸してやった。

菊池寛という名義であれば、原稿が買ってもらえるからです。

小説の書き方も破天荒でした。

就職口のない女子大生を何人もあつめて、片端から英語の小説を読ませて、そのあらすじを書き上げさせる。

それを見て、使えそうなプロットを選びだしてから、執筆にとりかかるわけです。

二月と八月には、雑誌が売れないから、というので作ったのが芥川賞、直木賞。

海音寺潮五郎が、直木賞をとった時、パーティで「この賞は、わが社の宣伝のためにやっているのだから、受賞したからといっていい小説を書こうと努力しないでいい」と云ったという。

ちょっと桁が違います。

④松下幸之助（一五〇頁）
⑤今村均（一五四頁）

⑥松永安左衛門（一一〇頁）

⑦鈴木貫太郎

日本海海戦で、一番多くロシア艦を沈めたと云われている駆逐艦乗り。

まっすぐな性格で、ドイツ駐在武官時代、キール軍港を偵察するように命じられたが、何にもしない。絵葉書一枚、買おうとしないので、ドイツ側がわざわざ港内を案内してくれたという逸話があります。

この人の後妻が、足立たか。

昭和天皇の乳母のような人ですね。昭和天皇が子供時代、いつも一緒に寝ていた人です。

後に、鈴木が侍従長になると、この関係が効いてくる。

昭和天皇は、たかの事を「私にとって母のような人」と云っていますが、その点からすれば、鈴木は父のようなものという事になるかもしれません。

昭和の動乱を、前半は侍従長として天皇とともに体験し、二・二六事件で九死に一生を得ます。

そして、大戦末期、総理大臣となり、御前会議での絶妙な天皇との連携プレーで、日本をぎりぎりのところで救った人です。

⑧賀屋興宣《かやおきのり》

大蔵官僚ですが、その資質は随一でした。

戦時経済を支えた廉で、巣鴨プリズンにぶちこまれている。

ロンドン軍縮会議で、海軍の用意した数字があまりに出鱈目なので、細かく批判したため、山本五十六に鉄拳をもって脅かされ、その後会議が賀屋の目論見通り決着すると、実際に殴られた。

近衛内閣で大蔵大臣の時、第二次上海事変に際して、海軍が陸軍の出兵を要請すると、猛反対をしたため、米内光政に怒鳴られ、恫喝された。

賀屋の云うことを聞いていれば、日中戦争は泥沼にならず、アメリカと戦争をしなくてもすんだでしょう。

その賀屋が戦犯にされ、米内はお咎めなしだったのですから、人生は不公平なものです。

⑨石原莞爾

帝国陸軍を代表する鬼才です。その軍事理論は、当時の世界最先端でした。この人は、軍人にならなかったら、思想家か一代の碩学になったでしょう。家が貧しいために、陸軍幼年学校に行かなければならなかった。

満州事変は、十倍以上の敵軍を、瞬時に行動不能にするという圧倒的な勝利でした。石原の鬼才があってはじめてなしえた所でしょう。

日中戦争には、反対しつづけますが、中央を追われて、予備役になってしまう。終戦後、故郷鶴岡の近くで、新しい社会をめざす農場を作りますが、そこには中国人、韓国人が多数参加していました。石原のアジア主義は、本物だったのです。

⑩小林一三

鉄道経営と、デパート、そしてショービジネスを結びつけた天才経営者。このビジネスモデルは、ヨーロッパにもアメリカにもない、小林の独創です。その魅力はいまだに消えていません。

さびれた温泉場の余興から、宝塚歌劇団を生み、東宝映画も作ったのですから、やはり、経営者としては天才としか云い様がありません。

【戦後から今日まで】

①岸信介

岸信介の一位は、不満のある人が多いかもしれませんが、さすがに「妖怪」と云われただけのことはある、スケールの大きさをもっています。巣鴨プリズンから出て、十年たたずに総理大臣になってしまったというのだから、厚顔も含めて大人物でしょう。

巣鴨プリズンでは、軍人がだらしなかったといいますが、岸が泰然自若としていたのは、誰もが証言しています。獄中で一番の悩みはと問われて「夢精」と答えたとか。九十近くなって、取り巻きから「さすがに先生も、あちらの方は」と問われて、「いや、立てかけておくだけで、いいものだよ」と答えたという伝説もあります。

東京帝国大学法学部を一番で卒業しながら、当時、三流官庁だった農商務省に就職。産業政策をひっさげて日本経済の改造を訴え、満州で重工業を発展させ、東條英機、星野直樹、鮎川義介、松岡洋右とともに、「二キ三スケ」と称される。東條内閣の閣僚となるが、東條の戦争指導に反発、倒閣に持ち込み、憲兵隊につけ狙われた。

巣鴨から釈放されると、政界入りし、三木武吉とともに保守合同をなしとげ、大混乱のうちに日米安保条約を改定しています。

政府と企業が緊密に連絡をとる、「満州式」の産業振興策により、高度経済成長を生み出した功績は大きい。

②田中角栄（一二五頁）

③小林秀雄

改めて紹介するまでもなく、文芸批評の第一人者。この人が一人いれば、あとの批評家はいらないという、私のような人間には、とても困った存在です。

大学在学中から売文生活をはじめ、無数の匿名コラムを書き、菊池寛に重宝がられた。昭和四年に「様々なる意匠」で雑誌『改造』の懸賞論文の次席。第一席が、宮本顕治だったというのは、有名なエピソード。しかし、宮本の論文が当時大流行していたマルクス主義文学理論の援用に過ぎなかったのにたいして、小林は主もちのイデオロギーを排したところにしか、批評は成立しないとすでに喝破している。

批評家といっても、浮き世離れした知識人ではなく、真面目に生活と取り組んだ苦労人でした。若い時には、親友の中原中也と一人の女性をめぐって深刻に対立もしている。酒癖の悪さは有名で、根城の寿司屋に手ぐすね引いて待っていて、やってきた物書きを摑まえて、泣き出すまで苛めたそうな。江藤淳先生は傑作『一族再会』が「三行長い」と云うのでさんざん説教された末に、やはり泣かされたという。

『私小説論』『ドストエフスキイの生活』『無常といふこと』『モオツアルト』『本居宣長』『考へるヒント』と名作が勢揃い。明治以来のあらゆる作家のなかで、一番、全集が売れている。何といっても文章がいい。常識を踏み外していない。鋭いけれども、毎日の暮らしに懸命な人たちの心に届く、穏健で当たり前の事を書いている。疾風怒濤の昭和に常識を説きつづけた、その盤石な安定感はいくら尊敬しても足りません。

④小泉信三

慶應義塾塾長ですが、今上天皇の教育係としての業績も光っています。

敗戦後、皇室を存続させ現在まで維持してきた事に大きな役割を果たしました。

テキストにしたのが、『ジョージ五世伝』と幸田露伴の『運命』です。

『運命』は、明の二代目皇帝が、帝位を簒奪される話ですから、なかなかに過激です。

美智子皇后陛下の選定にも、主導力を発揮しました。

⑤山本周五郎（一一七頁）

⑥田島道治

昭和銀行の頭取として、金融恐慌の後始末をした人。

私財を投じて、給費制の寮を建てて有為の学生の面倒をみました。人材が輩出しています。

敗戦後、芦田均の求めにより、初代宮内庁長官に就任しました。

「未婚の女子が、映画見物など罷り成らん」と、内親王を叱ったという逸話があります。

サンフランシスコ講和条約締結時、昭和天皇の国民に対する謝罪の詔勅を出そうとして、吉田茂と対立しました。

草創期のソニーの役員を務め、同社の飛躍に大きな貢献をしています。

⑦本田宗一郎

ホンダの創業者ですね。スーパーカブは、戦後日本の交通を支えただけでなく、今もアジアなど世界各地で、生活の足をになっている。

非常に喧嘩っ早い人で、勝利にこだわった。

Ｆ１に参加して、中絶を含めて二十年。はじめて年間のチャンピオンになった時は、ドイツの料理店で末座に位置し、土下座して礼を云ったという。

それほど勝ちたかったんですね。

ただ、車を沢山売るだけでは我慢できない。一番速くなってはじめて勝ったといえるんだ、という事でしょう。

こういう、ファイティング・スピリットをもった人物も、いなくなりました。

⑧吉田茂

敗戦後の日本を支えた総理大臣ですが、この人は、本当ならば出番はない人ですね。外交官としては、とっくに終わっている。

それが、戦争末期、義父の牧野伸顕などと連携しての終戦工作に関係し、逮捕されたために、政治家として再浮上した。

戦後、旧指導層があらかた逮捕されたりパージされたりしているなか、英米系の保守主義者として、吉田は貴重な存在になりました。

この人の強みは、時代錯誤なところですね。完全に旧時代の感覚で、新しい時代の政治をやった。葉巻をくゆらし、紺足袋をはき、平気で記者を罵った。でも、激しい変化の時代は、すこし感覚が時勢とずれている方がよい事があるのです。ずれているからこそ、大きな変化にたいしても愕然としない。蛙の面に小便で、慌ても騒ぎもしない。

それで、講和までの大混乱を乗り切ったのだから立派なものです。

⑨宮本常一（一四五頁）

⑩石橋湛山

東洋経済新報社の社長ですが、大学での専攻は哲学で、経済学にはそんなに明るくなかった。実家は、寺です。

社に高橋亀吉といった論客を揃えたのが、隆盛の秘訣でしょう。その辺の手腕はかなりのものです。日銀の隣に社屋を建てるには、それなりの苦労がある。

もちろん、石橋が社内の自由主義的な気風を維持した事が、優れた記者、論客が集まった大きな要因だと思いますが。

高橋らと、浜口内閣の金解禁を批判した一連の論陣は、論壇史上に輝く一章です。満州事変に反対したために軍部に睨まれますが、ひるむ事がなかった。高橋亀吉は、昭和研究会で統制経済の研究を発表していますが。

敗戦後、第一次吉田内閣の大蔵大臣になり、積極財政を進めますが、GHQのニューディール派に睨まれて追放処分を受けています。

講和後、代議士に返り咲き、鳩山内閣の通産大臣。鳩山後継を巡って、岸信介との間で政党政治史上最悪と云われる金権選挙を繰り広げて、総理大臣になりますが、健康が悪化して二ヶ月で退陣して、首相の座を岸に譲っています。

けして清廉な人というのではない。必要とあれば、かなり悪どいこともやる。大出版社の社長ですから、それはそれで当然でしょう。素晴らしいのは、悪の限りを尽くした末にもぎ取った政権を、体調が許さないとなれば、潔く投げ出したこと。これは素晴らしい。

あとがき

器量というのは、水平に広がるものです。

「水平？」「広がる？」

いきなり云われても戸惑いますよね。

今の世間は、高い、低いが人の価値尺度の基準になっています。

高学歴とか、低収入とか。英語検定の得点が高いとか、偏差値が低いとか。

垂直ばかり気にしている。

でも、器量というのは、高い低いではないのですね。

水平というか、面積というか。デカい、ちっちぇ。

やみくもに上を、より高いものだけをめざしても、人の器は育ちません。異質なもの、未知なものと触れ、感応する力が必要です。

大学の教員を長くやっていると、人の尺度は高い、低いではないな、と思います。とても頭がいいけれど、人間関係や仕事で上手くいかない学生さんがいる一方、いろいろ寄り道をして大学に入ってきたけれど、それはそれで人としてはこなれていたり。適度の紆余曲折があった方が、社会に出てから上手く行く傾向にあるような気もします。もちろん、すんなり最短コースを走っていても、人間知に富んだ学生さんもいますが、そういう人は、進んでいろんな人とつきあったり、仲間と雑誌を作って売ったり、気軽に外国に行ったり――五千円しか持たず、韓国に行って遊んで帰ってきた剛の者もいました――する事ができる。

若い時は、自分を限らないでいろんな場面、機会に晒す事が大事なのですが、考えてみれば、これは若い人だけの話ではありません。器が大きいと云われるほどの人物は生涯かけて自分を新たな場所に立たせ続けてきたのではないでしょうか。本文でとりあげた徳富蘇峰などは、八十をすぎて敗戦を経験し、その思想と立場を大転換している。志操の点では問題があるけれど、言論の現場の第一線で常に新鮮であろうとする活力には頭が下がります。多様に人とつきあい、多くの人を好きになり、多くの人々を気に懸けている。その慮りの広さは、やはり大人物と云ってよいものです。

なかなか蘇峰のようにはいかないけれど、私も生きて、筆をもっている限りは、そのように拡がり、変わり続けていきたいと願っています。

∴

読者の皆様の人生を豊かにすること、本書が少しでも役に立ちましたならば、それに優る喜びはありません。

平成二十一年十一月一日

福田和也

福田和也　1960(昭和35)年東京生まれ。文芸評論家。慶應義塾大学環境情報学部教授。慶應義塾大学文学部仏文科卒。同大学院修士課程修了。著書に『日本の近代（上・下)』『昭和天皇』など。

Ⓢ新潮新書

340

人間《にんげん》の器量《きりょう》

著　者　福田和也《ふくだかずや》

2009年12月10日　発行

発行者　佐　藤　隆　信

発行所　株式会社新潮社

〒162-8711　東京都新宿区矢来町71番地
編集部(03)3266-5430　読者係(03)3266-5111
http://www.shinchosha.co.jp

印刷所　株式会社光邦
製本所　憲専堂製本株式会社

ISBN978-4-10-610340-7 C0210

価格はカバーに表示してあります。